JN137381

A little red book
about source

Liberating management and living life with source principles

「エネルギーの源流」から
自然な協力関係をつむぎ出す

ソース原理

［入門＋探求ガイド］

ステファン・メルケルバッハ
Stefan Merckelbach

青野英明　嘉村賢州
翻訳・監修

英治出版

入門編　目次

Part 3

ソースを受け渡す

探求ガイド編　目次

ソース原理
［入門編］

A little red book about source

Liberating management and living life with source principles

The water is turbid from its source

水の濁りは水源から

——ペルシャのことわざ

The poet can only create when the god is within him

詩人は自分の中の神を見て、初めて創造できる

——作曲家ノルベルト・モレの墓碑銘

What counts is not only what leaders do and how they do it
but their "interior condition," the inner place from which
they operate or the *source* from which all of their actions originate

リーダーが何をどのように行うのかだけでなく
内面の状況《インテリアコンディション》と表現されている彼らの行動の起点となっているもの
すなわちあらゆる行動が生まれ出る源《ソース》が重要であることを
理解させてくれたのだった

——オットー・シャーマー『U理論［第二版］』

A little red book about source

Liberating management and living life with source principles

by Stefan Merckelbach

© 2024 Aquilae Editions, Ordinata Ltd.

Japanese translation rights arranged with
Ordinata Sàrl, Domdidier, Switzerland
through Tuttle-Mori Agency, Inc., Tokyo.

訳者まえがき

どうして私たちは、「仕事でやりたいことなんてできるはずがない」と自分を過小評価してしまうのでしょうか？

どうすれば、組織で、チームで、プロジェクトで、お互いが自分らしく生き生きといられるような協力関係をつくることができるのでしょうか？


私たちはこれまで、20年以上にわたってさまざまな組織を支援する中で、どの組織も「協力関係」の問題を抱えていることを目の当たりにしてきました。

青野は、税理士として帳簿をチェックするだけでなく、「経営の現場でどうすれば1人ひとりがお金への囚われから解放され、自分らしく生きられるのか？」という問いと向き合い続けてきました。

嘉村は、個人や組織の変容を支援する中で、業種や規模などに関係なくほぼすべての組織が構造的な問題を抱えていることに気づき、「そもそも人類は組織のつくり方を間違えてきたのではないか？」という問いと向き合い、ティール組織をはじめとする「新しい組織のあり方」を探求し続けてきました。

あなたが関わっている協力関係において、たとえば以下のようなことが起こっていないでしょうか？

個人の視点……

- やりたいことが見つからない
- 仕事にどうしても打ち込めず、ただこなすだけになってしまう
- 本当は無気力な状態で過ごしたくないが、職場で本来の自分を出すと浮いてしまう
- リーダーのポジションに就いても、どう振る舞えばいいかがわからない

組織の視点……

- 「管理」や「ルールを守ること」が優先されるあまり不満が溜まっている
- トップの発言が朝令暮改のように頻繁に変わるため、諦めが広がっている
- お互いへの敬意がなくギスギスした雰囲気が漂っている
- ビジョンを示すべきだという焦りから、お題目のような行動計画がつくられている
- 経営者が交代したはずなのに、後継者がうまくリーダーシップを発揮できていない

このように、個人としても組織としても、自分や仲間のエネルギーを削いでしまうような状況が数多く発生しています。

では、一体何が足りないのでしょうか？

言い換えれば、誰もが常に自分らしく生きていて充実感と幸福感を味わい、それを後押しできる協力関係が実現できているとすれば、その根源には何があるのでしょうか？

こうした問いに対して1つの道を示してくれるのが、ソース原理です。

ソース原理とは、スイス在住のイギリス人、ピーター・カーニックにより体系化されたものです。彼はもともと不動産分野で成功を収めましたが、やがて個人とお金との関係性、そして「起業やプロジェクトの成否を分けるものはなにか」について20年以上にわたって探求してきました。そうして、優れた起業家やプロジェクトリーダーの事例研究から、「人がリスクを負ってでも何かをしようとする活動」に共通する原理原則を見出し、それをソース原理と名づけたのです。

本書の著者ステファンは、スイスを拠点に組織開発や事業承継の支援を行うコンサルティングファームを経営していますが、「ソース原理マスターコース」の第1期生としてピーターに師事しました。そこで学んだ、個人の価値観とビジョン、そして現状の問題を探求する「ソースワーク」の伝道師となり、本業としても個人の活動としてもソース原理の普及活動に努めています。

ソースあるいはソースパーソンとは、「何らかのイニシアチブを始めた、つまりその『源《ソース》』となった人」です。イニシアチブとは、事業やプロジェクトといった大きなものから、今日の献立を決めたり、友人や恋人と過ごす日の計画を立てたりするような身近な物事まで含みます。いずれにしても、「これをやろう！」と始めた1人がいて、その人がソースパーソンになるのです。

ソースパーソンは、そのイニシアチブのビジョンをありありと描くことができ、時に迷いながらも、全体の方向性と「次のステップ」を示すことが重要な役割とされています。これが本書では「優位性」と表現されますが、王様のように君臨するわけではありません。ソース原理においてもう1つ重視されるのが「すべての人は自分の人生のソースである」という「同等性」の考え方です。

たとえば音楽のバンドでオリジナル曲をやる場合、作曲者以外のメンバーは下僕のように従うのではなく、作曲者の想いを尊重しながら（優位性）、それぞれの楽器で対等に自己表現を行うことも尊重しています（同等性）。

これは自然界において普遍的に観察できるものです。森を見てみると、共生している樹木と苔の間にどちらが優れているかという上下関係はありません。しかし、明らかに役割の違いはあり、その役割こそお互いの優位性であり共生関係を成り立たせているのです。

このような自然な協力関係は、ある一定の現象を論理的に説明する「理論」ではなく、重力や引力などの原理や定理に近いという考え方のもと、ピーター・カーニックは「ソース原理」と名づけました。

言い換えれば、ソースパーソンになることは人間に自然に備わっている能力であり、大なり小なり誰にでも経験があるはずです。

なぜなら、私たちは日々、自分のソースに従って生きているからです。意識的であれ無意識的であれ、以下のような経験はないでしょうか。

- 冷蔵庫の残り物で新しいアレンジを思いついて料理した
- いつもと違う道で家に帰ってみた
- なぜか急にサンダルが欲しくなって買いに行った
- シャワーを浴びていたら急に新商品のアイデアを思いついて翌日会社に提案した

これらはすべて、「直感」や「ひらめき」から具体的なイニシアチブを起こした例です。しかし、私たちはえてして直感やひらめきを見過ごすか、時には軽視してしまいます。会社では直感よりも論理が重視されているので意見を出しづらい、あるいは自分のひらめきなど取るに足らないものだから公表する価値もないと思っていないでしょうか。これは提案だけでなく、違和感や問題意識もそうです。誰もが賛同していることに異議を唱えるのは、和を乱すだけだから遠慮する、というのはよくあることです。

ソース原理では、この直感やひらめきを何よりも重視しています。なぜなら、どんなイニシアチブも、例外なくまず直感やひらめきがあり、「これを実現しよう」と最初の一歩が踏み出されるからです。私たちは誰もが、こうした衝動によって突き動かされているのです。

つまり「自分のソースに従って生きる」とは、「直感やひらめきを大切にする」ことなのです。

これは、自分だけでなく他者に対する考え方にも当てはまります。一見逆説的に見えるかもしれませんが、自分の直感に対する理解を深めることが、他者に対する理解を深めることにつながります。自分の行動の奥底にどんな直感が働いているかがわかるようになると、他者の行動の背景にも思いをめぐらせることができ、寄り添っていけるようになるでしょう。

そうして自分と他者がお互いの「人生のソース」とつながれるようになると、まったく新しいかたちで協力関係を築くことができるようになるのです。

なお、本書ではソースが展開する活動のことを「イニシアチブ」「プロジェクト」「エンタープライズ（事業）」と表現します。ピーターにそれらの違いを尋ねたところ、どれもほぼ同じ意味だが、始まりから終わりまでの期間が比較的短いものをイニシアチブ、長期のものをエンタープライズ、その中間をプロジェクトと表現しているそうです。

それよりも、「組織」と表現しないことのほうを重視していると強調し、その理由を以下のように述べていました。

「組織を主語にすると人の動きや営みが見えにくくなる。ソース原理では組織は幻想だと捉えているからね」

ソース原理は、今関わっている仕事や人生の活動を静的なものではなく、動的な営みとして捉え直す視点を提供してくれるのです。

本書は、大きく2つのコンテンツで構成されています。

［入門編］は、ステファンの著書『*A little red book about source*』の翻訳版であり、文字通りソース原理の基本的なことが理解できるようになっています。随所に挿入された美しい写真は、ソース原理の世界観である「自然なエネルギーの流れ」を表現しています。

［探求ガイド］は、ステファンがピーターと共同開発した内省アプローチである「ソースワーク」をベースに、書籍向けに青野と嘉村が彼らとの親交の中で学んだエッセンスを再整理したものです。

ソースワークは、自身の価値観を認識し、自身の直感やひらめきに対する感覚を磨き、他者とよりよい協力関係を築き、「ソースの病理」と言われる問題と向き合い、次世代に受け渡すまでの旅路を歩めるようになっています。

私たちはステファンと共に、2023年から日本のビジネスリーダー向けにソースワークを提供していますが、この考え方がますますこれからの時代に求められていると感じています。

特に近年では、従来の官僚的な上から下へのヒエラルキーではなく、権限を組織内に分散するティール組織のような次世代型の組織運営の実践者が増えています。しかし、その中には過剰にトップダウンになるのを避けてしまい、「みんなの意見を聞きすぎてリーダーとしての自分をうまく出せない」と感じている人が多くいます。

ソース原理を学んだ多くの人が、トップダウンとボトムアップのよいところを統合し、ソースパーソンとしての自分を表現しつつ、メンバーの集合知を最大限に活かす経営は可能なのだということに気づいています。

経営者だけでなく、チームリーダーやプロジェクトマネジャーとして、あるいはプライベートの人間関係においてでも、「エネルギーが停滞している」「もっと1人ひとりのエネルギーを活かしたい」と思う人にとって、ソース原理は新たな視点や気づきを与えてくれるはずです。

また、ソース原理に関する本としては、私たちも翻訳・監修に携わった、イギリスの起業家トム・ニクソンが書いた『すべては1人から始まる』（英治出版）があります。トム自身と友人たちのビジネス経験をもとに、経営の実務的な場面でソース原理がどのように活かされるかが掘り下げられています。本書とは一部言葉遣いが異なるところがありますが、それはステファンもトムも「ソース原理」を伝えるサブソースとしてイニシアチブを発展させていった結果であり、世界中の実践者たちがこの2冊に学びながらそれぞれの現場で活用しています。ぜひ、あなたなりの活用方法を探求してみてください。

2022年6月に、私たちは初めてステファンの自宅を訪れましたが、まさにその日の夜に月下美人の花が咲きました。彼は俳句を詠むことを趣味にするほど日本文化をこよなく愛していますが、当時はまだ来日したことはありませんでした。日本に行くことは彼にとって人生で叶えたいことの1つだったのです。

そうしたなか、自身の著書に導かれて日本人が来た日に、月下美人の花が咲いたのです。ステファン夫妻はそのことにとても驚き、「これは始まりの合図だね」と言いました。月下美人の花言葉には「強い意志」「秘めた情熱」という意味もあるそうです。

本書が、あなたがあなたらしく生きるための、そして、他者とよりよい協力関係を築くことで多くの可能性が花開くための「始まりの合図」になれば幸いです。

青野英明　嘉村賢州

序文　旅立ち——初心

「ソースパーソン」というタイトルに惹かれて、２０１３年9月25日に私はその研修に参加しました。この体験が私の仕事や組織にどれほどの変化をもたらすことになるのか、まったく想像できていませんでした。

講師のピーター・ジョン・カーニックは、参加者がたった3人しかいなかったにもかかわらず、１日がかりのワークショップをやると決めたのです。そのおかげで私たち全員がピーターと濃厚な時間を過ごすことができました。

イギリスのロンドン出身でスイスに長年住んでいるピーターは、白髪まじりの頭でもうすぐ定年を迎える年齢であることを窺わせたものの、明るい目にはエネルギーが満ちていて、「ソース原理」について生き生きと語る姿を見れば、彼がまだまだ現役として活躍するつもりなのは明らかでした。

この研修がきっかけとなり、私は翌年に開催されたマスタークラスのプログラムに申し込み、ソース原理の真髄を学びました。

それ以来ソース原理は、私が２００１年に設立したオーディナータ社（Ordinata）で提供している、組織への支援事業やワークショップに不可欠なものとなっています。私たちはソース原理を、自分たちの仕事のあらゆる場面に取り入れ、そして世界へと広く普及させたいと強く願っています。今やクライアントを支援する際に、ソースに関する問題を掘り下げないことはあり得ません。探求するたびに、ソース原理に対する理解も深まっています。

皆さんが手にしている（あるいは画面に表示されている）小さな赤い本は、こうした学びの成果なのです。

ピーターに「ソース原理はどこから来たのか？」と問えば、「世界の始まりと同じくらい古いものだ」と返ってくるでしょう。ピーターはソース原理を考案したわけではなく、人々がどのように人生の中でプロジェクトに取り組んでいるかを観察し、その営みについて議論を積み重ねてきただけです。

しかし、ソース原理がどれほど古いものであろうと、ピーターがその発見者であることは明らかでしょう。彼こそが初めて、本書で紹介するような語彙や概念へと体系立てたのです。

ピーターは１９８０年代から研究を始め、２０００年以降は公の場で発表し、特に２００９年からは国外に出て、カナダのケベック、ベルギーのブリュッセル、ドイツのベルリンなど世界中で講演を行うようになりました。

研究を始めた当初、彼はただどうすればプロジェクトがうまくいくかについて意見交換したいと考えていました。しかしそのうちに、自分を含めた成功・失敗事例に多くの共通点があることに気づき、それらの中から原理原則を見出したのです。近年その活動は、私もメンバーである国際ネットワーク（www.workwithsource.com）に広がり、さらに研究が進められています。

しかし、ソース原理に関する文献はそれほど多くはありません（本書の巻末資料を参照)。本書に書かれていることは、私自身がピーターとソース原理について交わした会話のほか、何年にもわたるインスピレーションあふれるワークショップ、振り返り会、そしてマスタークラスの仲間との交流が土台になっています。

また、ソース原理を現場で実践するオーディナータの同僚たちや、長年協力関係にある組織支援の専門家マルティーヌ・マレンヌは、ソースに関する洞察を与えてくれるかけがえのない存在です。

そして、ピーターへの個人的なインタビューは、ソース原理の真髄に直接触れる機会となりました。ピーターの変わらぬ親切さ、そして原稿を丁寧に読んで修正してくれたことに深く感謝しています。

「ソース」という考え方がどのように生まれたかについて、あなたはもうおわかりだと思います。本書では、ソースというテーマを3つの段階に分けて探求し、ソースの意味とその原則の実践のやり方について、みなさんが自然に理解を深められるようにお伝えします。

まず、ソースを温かく迎え入れるために、ソースとは何かを理解しましょう。次に、ソースのレスポンシビリティを他者と共有する方法について考え、最後に、来るべき時にソースを受け渡す方法を掘り下げていきます。

さて、前置きはこのくらいにして、いよいよ発見の旅に出ましょう。

ちなみに、この小さな本はなぜ赤いのでしょうか？
それについては、エピローグでお話ししましょう。

Part 1

ソースとつながる

Meeting source

1 ソースは誰なのか？

Who's a source?

ソースとは、何らかのイニシアチブを始めた、つまりその「源《ソース》」となった人のことを指します。その人物を「ソースパーソン」と呼ぶ場合もあります。

私たちは常にイニシアチブを取っています。どの講座を学ぶかを決める、特定の職種を目指す、起業する、特別なディナーを企画する、といったことです。他にも、友人関係やパートナーシップを築くことや、住環境を変える、休暇の計画を立てる、子どもを持つといったこともイニシアチブになります。

あるいは、他の人が始めたプロジェクトに参加するために一歩踏み出す、ということもあるでしょう。

どんな形であれ、イニシアチブを取るために一歩踏み出したときに、その人は今まで入っていなかったスイッチを起動しています。その瞬間に、イニシアチブのソース、つまりソースパーソンになるのです。

では、その前には何が起こっているのでしょうか。まず私たちが感じ取るのが、アイデア、直感、インスピレーションです。そうした兆しが語りかけてくるものに注意深く耳を傾けると、具体的なイニシアチブの形が浮かび上がり、それを実現しようと行動を起こします。ソースパーソンはイニシアチブを始めた人ではあるのですが、それを生み出した人であるとは必ずしも言えません。アイデア、直感、インスピレーションは、突然降ったり湧いたり、ひらめいたりするものです。

つまり、贈り物なのです。

もちろん、「アイデアや直感やインスピレーションは、その人のものではないか」と思う人もいるかもしれません。それは、「贈り物を自分のものにしたのはその人自身だ」という意味で正しいでしょう。

ただし、私が何らかのアイデアや直感を内面で熟成し、表現し、伝えたものであったとしても、私はそれらを所有するというよりは、「受け取ったものである」と捉えています。

ソースパーソンは、自分のアイデアと謙虚に向き合い、自分はその所有者ではなく保管者であることを自覚しています。これは非常に重要なことで、後ほど詳しくお話ししましょう。

つまり、「自分自身がオリジナルのアイデアを生み出すことがソースパーソンになる条件ではない」ということです。世の中には、矢継ぎ早に新しいアイデアを思いつく非常にクリエイティブな人がいます。しかし、アイデアの実現に向けてイニシアチブを始めない限り、その人はソースパーソンであるとは言えないのです。

アイデアの発案者が自分でスイッチを入れなくても、他の人にインスピレーションを与えて、相手がイニシアチブを立ち上げることもあります（これも、アイデアや直感の受け取り方の1つです）。この場合、アイデアの発案者ではなく実行に移した人がソースパーソンとなります。

アイデアは、地中から湧き出る泉のようなものだと捉えるとよいでしょう。水は何もないところから湧き出るのではなく、必ずどこかに源流があります。このような自然界の原則を認識することで、「アイデアは必ずどこかからやって来るものである」という事実を尊重できるようになります。自分が生み出したものではない（むしろ自分を通して湧き出てきた）アイデアを受け取り、イニシアチブを始め、多くの人の力を借りてでもそれを具現化して世の中に存在させようとするとき、人はソースパーソンになるための一線を越えたと言えるのです。

一言で表せば、ソースパーソンとは「自分が引き受けたアイデアに基づいてイニシアチブを始めた人」なのです。

ソースパーソンは、贈り物であるアイデアからさらにもう1つの贈り物を受け取ります。それは、イニシアチブに必要なエネルギーです。ピーター・カーニックが「ソースチャネル」と呼ぶアイデアの伝達経路がありますが、そこからアイデアを実現するために必要な生命力も供給されるのです。

そのエネルギーが、ソースチャネルを通じて、ソースパーソンの内面の奥深いところから湧き上がってきます。ソースパーソンが自らの意志によってアイデアを取り込み、そのエネルギーを歓迎し、イニシアチブを開始することを決意した瞬間に、そのエネルギーが強さと行動力を与えてくれるのです。

ソースパーソンになる方法は、基本的に2つです。

1　新しいイニシアチブを立ち上げる場合――自分が「グローバルソース」になる

2　他の人が始めたイニシアチブに加わる場合――自分はそのイニシアチブの「サブソース」になる

詳しくは第4章で説明しますが、ここで強調しておきたいのが、いずれの場合であっても、「自分は自身の存在を示すソースである」と認識することの重要性です。なぜなら、そのイニシアチブへの参加を通じて、あなたは自身の自由や行動力、創造性を真に表現することになるからです。

例を挙げてみましょう。仕事を探していたジェイデンは求人広告に応募し、面接を受けることになりました。この場合、採用担当者が「求人広告のソース」であり、ジェイデンは「応募するソース」かつ「面接に来るソース」（彼は面接を誰かから強制されたわけではないため）であると言えます。

さらに、採用担当者は「具体的な仕事を提案するソース」であり、ジェイデンは「その依頼に返答するソース」です。もし、ジェイデンがその提案を受け入れたら、その直後に予想できるのは、彼が「新しいポジションのソース」になることです。つまり、自分の直感に耳を傾け、「自分が受け入れたミッションに沿った仕事を構築する」というイニシアチブを立ち上げるのです。

新しいポジションのソースとして、ジェイデンは以下のような経験をするでしょう。

- 会社全体の枠組みを尊重するとともに、自分のポジションが持つレスポンシビリティと意思決定権を十分に活用しながら行動力を発揮する
- 直感に基づき自由と創造性を発揮して自分の仕事を発展させ、新たなイニシアチブを生み出す
- そのポジションのソースとして強いモチベーションや情熱が湧き上がることを自覚するが、いつかはそのソースを誰かに受け渡し、自分の情熱は他のことに傾けるべき時期が来たことを確信する

これから本書では、ソースやソースパーソンになるとはどういうことかを掘り下げていきます。

その仕事・役割・機能とは何か、レスポンシビリティと協力関係の範囲をどう捉えるか、プロジェクトとはどういうものか、ソースパーソンは何を所有または使用しているのかについて説明します。本書の目的は、あなた自身がソースパーソンとしての人生を十分に生きられるようになることです。

しかし、その前にいくつか明確にしておきたいことがあります。ピーターは、「ソースパーソン」「ソース」「ソース原理」を以下のように区別しています。

ソースパーソン

あるアイデアに基づいてイニシアチブを始める人

ソース

次の2つの意味がある

1 「ソーシング」（アイデアとそのエネルギーを受け取ること）をする人の観点からすると、イニシアチブを始めるソースパーソンと同義である。この文脈では、その人がイニシアチブにおいて果たす役割という意味で「ソース」という言葉が使われている（ピーターは主にこちらの意味で用いる）。

2 ソースとなる対象物の観点からすると、その人がソースパーソンであることの本質、つまりそのイニシアチブ（役割、関係、家庭、プロジェクトなど）の深い核となるビジョンや価値観を意味することもある。言い換えれば、「ソースパーソンの源《ソース》」である。ソースの役割が次のソースパーソンへと受け渡されるとき、ビジョンや価値観も受け継がれる。自分の内面の奥深くにあるこの核と接触し、結合し、イニシアチブが実行される間ずっとつながっていることが、まさにピーターの言う「ソースを迎える」ことである。

ソース原理

イニシアチブを動かす主体としてのソースパーソンの振る舞い方と、イニシアチブが動かす対象物の深い核としてのソースの活かし方を説明するもの。ピーターは、ソースをうまく扱える人にどんな傾向があるか、避けるべき落とし穴についても分析している。ソース原理は、こうした傾向や落とし穴も含めてソースやソースパーソンについて語るものである。

用語の定義が明確になったところで、これからはこの3つの言葉を鍵括弧なしで表記することにします。

2 ソースパーソンの役割

The source person's work

言葉の意味を理解することは大切な第一歩ですが、真価が問われるのはそれを実行に移すときです。これは、「イニシアチブを取る人」、つまり行動を起こす人であるというソースパーソンの定義に照らし合わせると、なおさら重要であることがわかります。アイデアを前に立ちすくむのではなく、実現のために物事を進めていかなければなりません。

アウトプットを生み出す一連の行動や作品のことを、古代ギリシャでは「エルゴン（ergon）」と呼びました。詩人や画家にとっての芸術作品のように、私たちも何かをつくり出しています。ソースパーソンにとってのエルゴンは、実行過程（仕事）とその結果（アウトプット）の両方です。

そうは言っても、ソースパーソンの仕事は、単にイケアのベッドを説明書に従って組み立てるような機械的な作業とは勝手が違います。アイデアを実現するための道筋を決め、偶発的な状況の変化にも対応し、大きな方向性は見失わないように物事を進めていく必要があるのです。

そのためソースパーソンのふるまいは、強さと脆さを同時に併せ持つといえます。イニシアチブを取り、発展させ、実現させるための強力な推進力を持っている一方で、予測不可能で手に負えない状況や、自分の不完全さに影響されやすい。イニシアチブを前進させる旅路には、行動する力を探求するだけでなく、自分自身に内在する弱さに気づき、それと向き合うことが重要です。

では、ソースパーソンにとってのエルゴン（作品）とは具体的に何を指すのでしょうか。それは3つの役割と対応しています。

1 **起業家**——受け取った直感（アイデア、ビジョン）を実現するために行動を起こし、リスクを引き受ける

2 **案内人**——イニシアチブを未来に向けて推し進めていくために、次にとるべきステップを常に明確にして伝える

3 **守護者**——プロジェクトのフレームワーク（価値観、ビジョン）が尊重されていることを確認する

さらに詳しく見ていきましょう。

1　ソースパーソンは起業家である

第1章で述べたように、ソースパーソンとは、あるアイデアに基づいてイニシアチブを始める人です。イニシアチブを押し進めているあいだ、ソースパーソンはアイデア、洞察、インスピレーション、そしてそれを実現するためのエネルギーを受け取り続けるとピーター・カーニックは説明しています。

また、イニシアチブを取ることには、リスクを引き受けるという側面があります。必然的に未知の世界に飛び込んでいくことになるからです。どんなソースパーソンの核心にも大胆で強気の「愚か者」が存在しており、普通なら考えられないほど強い信頼をイニシアチブに対して持つことがあります。

作家のマーク・トウェインの言葉を借りれば「不可能だと知らなかったから、ソースパーソンはやったんだ！」というような、ある種の無邪気さをまとっているのです。リスクを取ることは、起業家という役割においてとても重要です。リスクを取ることができなければ、自分自身がイニシアチブの障害物となってしまうでしょう。

オーディナータ社のソースパーソンとして活動した20年間を振り返ると、会社の成長と停滞はリスクを引き受けたかどうかにかかっていたように思います。成長期には積極的にリスクを取り、時にはリスクを取る決断自体がイニシアチブを前進させました。一方、停滞期にはほとんどリスクを取っていなかったのです。このことから、必要なときにリスクを取ることがいかに重要かを学びました。

イニシアチブとリスクと成長にまつわる私の経験からお伝えしたいのは、会社にとって最大のリスクとは「リスクを取るのをやめること」だということです。他の要因があったとしても、リスクを取らないことが確実に事業の衰退を早めたに違いないからです。

リスクを取ることは目的でもなければ、それ自体に本質的な価値はありません。しかし、未知で体験したことのない領域へとイニシアチブを導くという点では意味あるものです。イニシアチブとは、起点です。少なくともイニシアチブを始める人にとって、それは必ずや新しい何かをもたらしてくれます。リスクを取ることは、未知と出合うときの入場料のようなものなのです。

そういう意味では、投資に近いかもしれません。何かを得たければまずは投資すべし、とは起業家なら誰でも知っているでしょう。潤沢な資金を持つ会社が、外からは何ら問題ないように見えても、実は危機に瀕していることがあります。それは会社のリソースが未来のために使われず、眠ったままになっているからです。

ソースパーソンが引き受けるリスクは金銭的なものに限りません。たとえば、自身の評判や昇進、時には職さえ、あるいは人間関係や健康や住居を失うことを覚悟するかもしれません。リスクを取ることとは、ソースパーソンがイニシアチブを信頼していることの表れでもあります。それこそがプロジェクトを成り立たせる証しであり、その自信はプロジェクト達成のために働くすべての人に恩恵をもたらします。そして何より、次のステップに踏み出す勇気を与えてくれるものです。

私はソースパーソンとしてイニシアチブを進めるとき、しばしば自分に問いかけることにしています。

「私はこのプロジェクトのために、今も十分にリスクを引き受けようとしているだろうか？」

2 ソースパーソンは案内人である

新しいイニシアチブの最初の一歩を踏み出すと、それに続く流れは自然と湧き起こってきます。ソースパーソンは案内人として、そのイニシアチブを枯らすことなく、エネルギーを維持しながら実を結ぶように導く役割を担います。

プロジェクトを始めるときの入口となる、最初のイニシアチブに注目してみましょう。これはプロジェクトが発展する過程で実行されるさまざまな派生的なイニシアチブとは異なる性質を持ちます。たとえば、新しい仕事に就く、新しいビジネスを始める、町内会をつくる、結婚を申し込む、ボートを買うなどといった、最初のイニシアチブが新たなプロジェクトを生み出します。一方、その後に続くイニシアチブは、本来の目的に沿ってプロジェクトを発展させ花開かせるために必要です。

そして1つひとつの行動はプロジェクトの未来を形成するものとなり、派生するイニシアチブはこの流れに合致するものでなければなりません。この合致は、そのイニシアチブの起案者がソースパーソンであれ他の参加メンバーであれ、あるいは両者の協働から生まれたものであっても変わりません。

最終的にプロセスの手綱を握るのはソースパーソンです。最初の一歩を踏み出した時点で起業家としての役割は果たしました。そのあとは案内人として、最初の目標までの航路を示し、それを達成したら次の目標を示すことを繰り返すのです。何も不思議なことではありません。画家がスケッチから絵を完成させるまで手を入れ続けるのが当たり前であるように、ソースパーソンもまたプロジェクトの立ち上げから実現まで、その過程をずっと見守り続けるということです。これをソースパーソンに代わってできる人はいません。ソースパーソン自らがやらなければならない役目なのです。

案内人の役割は、あらゆる後続のイニシアチブに方向性を与えることでビジョンを明確にし、プロジェクトを実現させることです。具体的には2つの役割があります。

- 次のステップを明確にする
- プロジェクトの参加者に次のステップを伝える

次のステップを明確にすることは容易ではありません。次のステップがどのようなものか、ソースパーソンにもわからない場合が多いからです。明確になるまで時間をかけてあらゆる可能性を検討することもあります。

案内人であるとはいえ、ソースパーソンが優柔不断に陥ってしまうことは珍しくありません。闇雲に選択肢を探そうとする。自分の判断に自信が持てず、情報がもう少し集まるまでと決断を先延ばしにする。ささいな判断の誤りが招く結果を恐れ、自分を見失って落ち込む。やあ！　皆さん「ソース倶楽部」へようこそ。

自分を疑ってしまうのはまったくもって普通のことです。どんなソースパーソンも似たような経験をしているでしょう。私たちはみんな同じ人間です。魔法使いでもなければ、スーパーヒーローでもなく、ましてや神からは遠い存在です。暗闇の中で手探りしながら案内人を務めるのは、誰にとっても難しいことです。

次のステップを明確にするとき、以下の3つの方法が効果的です。

- 自分の直感に耳を傾ける
- 自分の洞察を振り返る
- 外に目を向けて、他者と対話する

もう少し詳しく見ていきましょう。

案内人であるソースパーソンは、本能的に直感を大切にします。起業家として最初の一歩を踏み出したときにも、直感に従った部分はあるはずです。この最初の経験からずっと、ソースパーソンは新しいアイデアやインスピレーションやビジョンを受け取るために直感を働かせ続けているのです。

直感は天からの贈り物であり、自分でコントロールすることはできません。それでも、感度を上げるためにやれることはあります。少しのあいだ作業を中断してみたり、自然の中で静かに深呼吸したり、祈りの時間をつくったり、スポーツやハイキングをしたり、シャワーを浴びたりしてみてください。

意識を変容させる状態に置くこと、つまり遠くをぼんやり眺めているような時間は直感を呼び起こしやすいのです。だからといって、直感力を高めれば必ず次のステップがひらめくわけではありません。ソースパーソンには、直感を待つ以外にも、より実践しやすい方法が必要なのです。

その1つが「内省」で、自分の考えを1人で整理する時間を取ることです。プロジェクトの前進に必要な次のステップについて、理解を深めるための時間をつくりましょう。定期的なスケジュールに組み込んでおくといいかもしれません。これはソースパーソンが自分のソースチャネルと再びつながり（リ・ソーシング）、次のステップの準備をする時間です。[*1]

直感と同じように、適切な環境を整えることが内省のプロセスを助けてくれます。自分にインスピレーションを湧き起こしてくれるような場所を探し、集中力が高まる環境を整えましょう。「そのために森のベンチに座るなんて、仕事じゃないんじゃないか」と思わないようにしてください。罪悪感は捨て去ってください。「ソースパーソンの役目に集中しているときこそ、プロジェクトのために一生懸命に、生産的に働いている」と考えてください。私はこれを重要な情報収集の手段だと捉え、「ソースタイム」としてスケジュールに組み込んでおき、おろそかにしないようにしています。

次のステップを明確にするための、もう1つの手段は「対話」です。私たち人間は例外なく関係性の中に生きています。自分だけで次のステップを明確にできないなら、他の人に相談するのは自然なことです。相手に問いかけ、フィードバックやアドバイスをもらい、異論があれば伝え、一緒に次のステップを考えればいいのです。

この対話は、いわばソースパーソンと共に内省していくプロセスです。一対一でもグループでの対話でも構いませんし、両方を行き来しながら繰り返し対話することで多様な意見を聞くことができるでしょう。

グループでの対話では、集合知の活用が期待できます。ある発言が別の人の意見を引き出し、それがまた別の人に共鳴する。結果的に一対一の対話よりも多くのものが得られます。ただし、対話した人たち全員の意見を聞き入れる必要はありません。しかし、みんなの意見に耳を傾けることでソースパーソンは状況を多角的に理解し、プロジェクトを次の段階に進めるために何が必要かをより鮮明に見出すことができます。
対話はより細やかなニュアンスの違いを際立たせ、変化のきっかけとなります。今までのやり方に固執するのをやめ、次に進めるようになります。直感は瞬時にソースパーソン自身の内部で起こるものであるのに対し、対話は他者との関係性を介してソースパーソンにゆっくりと働きかけてくれるものです。他者との対話を通してふと霧が晴れていることに気がつくでしょう。迷いも消え、次のステップが見えている。それはリスクを伴うものかもしれませんが、そのときソースパーソンは案内人として、起業家である自分を後押ししていることになります。*訳注

対話や内省や直感を通じて次のステップが明確になったら、ソースパーソンは案内人としての2つ目の役目「プロジェクトの参加者に次のステップを伝える」を実行に移しましょう。プロジェクトの参加者や次のステップで関係者となりうる人たちに次のステップを伝え、それがプロジェクトにとってどのような意味を持つかを説明するのです。

ソースパーソンが次のステップを明確に伝えるだけで、他の人はプロジェクトや自分の提案に乗ってくれるようになると、ピーター・カーニックは言います。他の人はソースパーソンのアドバイスに盲目的に従っているわけではありません。対話したときに多様な意見を述べてくれたことを思い出してください。むしろ彼らにとって次のステップが明確になることは、自分の意志で参加したプロジェクト全体のビジョンと結びつけて

意義を理解するのに有効なのです。

私は、ソースパーソンが曖昧さを脱ぎ捨てた途端に、周りから自然と賛同が集まるようになるのを、多くの企業や組織で目にしました。そしてそれは、たとえソースパーソンが提案した次のステップが合理的に見えなくても同じだったのです。

ソースパーソンが次のステップを明確にするとともに、それを実現するために必要なエネルギーもまた波及していく様子を見るのは感動的ですらあります。まるで自分のソースチャネルから受け取ったエネルギーを分かち合うかのように、プロジェクトに対する情熱の火花が他の人にも伝わって、彼らを奮い立たせるのです。

ソースパーソンが自分の「伝える」能力に自信がない場合はどうすればいいでしょうか。ソースとして何を伝えるべきかの手綱をしっかり握っていれば、他人の力を頼ってもいいのです。ピーターは、プロジェクトの「ナンバー2」がこれを担うことが多いと述べています。

3　ソースパーソンは守護者である

これまで見てきたように、ソースパーソンは直感や内省や対話を駆使しながら、案内人を務めます。案内人として育ててきたイニシアチブを、発展の過程で魂を失わないようにすることが、守護者としての役割です。

次のステップを丁寧に見極めていくのが案内人の役割であるのに対し、プロジェクトの全体像を描き、常に俯瞰の視点を持つことが守護者の役割です。最初のイニシアチブを取る（つまりプロジェクトを立ち上げる）とき、アイデアや直感やひらめきを原動力にプロジェクトを推進します。アイデアが膨らんできたら、プロジェクト全体の目標と大まかな方向性、そしてそれを達成するための推進力と手段のビジョンを描きましょう。「何を（what）」「なぜ（why）」やるのかという目的を明らかにすると同時に、「どのように（how）」やるのかという道筋を示すのです。

目的と道筋の両方のビジョンは、ソースパーソン自身だけでなく、プロジェクトの参加者みんなにとって指針となるものです。ただし、これは石に刻まれた固定的なものではなく、何らかのかたちで進化する余地があり、頻繁にその必要に迫られるものです。プロジェクトを目標に向けて適切に進めるためには、プロセスや手段をその都度見直さなければなりません。特に、プロジェクトの環境に予期せぬ大きな変化が起こったときは注意しましょう。

具体的な事例で説明してみましょう。スイスでは2008年に、犬と飼い主がしつけのトレーニングを受講することが法律で義務化されました。トレーニングコースを運営する企業の多くは、この商機を利用しようと躍起になったのです。

しかし2016年にこの法律は廃止され、企業は再び対応を迫られることになりました。私の愛犬アトスが通ったトレーニングコースの運営会社は、この法改正のときにもパーパスが揺るがなかったように見えました。それはソースパーソンが、プロジェクトの道筋（how）を状況の変化に適応させる一方で、「何を（what）」「なぜ（why）」という本質的な問いを見失わなかったからでしょう。

プロジェクトのビジョンを変更できるのはソースパーソンだけです。これを覚えておいてください。もちろん、自分の直感や内省だけに限らず、対話に立ち戻った結果、ビジョンを変更し、プロジェクトにおける次のステップを見直すこともあるでしょう。しかし他の人がソースパーソンにビジョンを変えるように強いることはできないのです。つまり言いたいのは、ソースパーソンはビジョンを変更できる唯一の存在であり、プロジェクトを実現するためには変更を厭わない大きなレスポンシビリティを伴うということです。

プロジェクトの魂は、ソースパーソンのビジョンだけでなく価値観にも表れます。この価値観は、プロジェクトに携わるすべての人にとって、行動の道標あるいは安全のためのガードレールのような重要な役割を果たします。具体的に何をすべきかのインスピレーションの源となるのです。イニシアチブとともにもたらされる価値観は、プロジェクトにおける青写真です。

ある産業界のクライアントは、自社の価値観の1つに「速さ」を挙げました。これは特に珍しくありません。常に変化し続ける市場において迅速な対応が求められることを反映しています。その会社では、エンジニアから管理職、作業員から研究者、役員から清掃員まで、1人ひとりがスピードと敏捷性を求められていました。ソースパーソンが自社と結びつけた価値観を全員が体現することは、生き残りのために重要なことでした。

価値観は組織文化に表れ、会社やプロジェクトにまるで接着剤のようにとりついて離れないものです。組織の中で明文化されておらず、暗黙知として共有されているものもあります。そして重要なのは、もともとはソースパーソン自身の価値観だということです。それに共感する人たちが、プロジェクトに惹きつけられるのです。ソースパーソンはその価値観をイニシアチブのＤＮＡに刻み込み、プロジェクトを通して協働者たちを刺激し続けなければなりません。

では、ソースパーソンは自分の個人的な価値観をプロジェクトに反映させているだけなのでしょうか？　その可能性もあります。あるいは、プロジェクトの参加者を対話の場に招待して、話し合いを通じて価値観をかたちづくることもあります。しかしこの方法は、ソースパーソンが結論に完全に満足できる場合にのみ有効です。つまり、対話を通して選ばれた言葉が、ソースパーソンが考えるプロジェクトの価値観と一致すると確信できなければなりません。

ソースパーソンはプロジェクトの価値観が自分の中から生まれたのではなく、最初に受け取ったアイデアや直感やひらめきの中にあったと感じることもあります。この場合、その価値観に従えばよいのです。しかし、どのように価値観がプロジェクトに組み込まれようと、価値観をわかりやすく伝えてプロジェクトに刻み込み、みんながそれを尊重するよう気配りすることは、他の誰でもないソースパーソンの役割なのです。

対話を通じていわゆる「共通の価値観《シェアードバリュー》」を見出すアプローチについては、十分に慎重になるようにとピーターは警告しています。プロジェクトの価値観について対話する場にソースパーソン以外の人が参加するのは、みんなが思い描く価値観の重なる部分を確認し、参加者みんなで意思決定できたことに意味を見出すためではありません。

価値観が「共有《シェア》」されているとしたら、それはみんなが同じように感じているからではありません。プロジェクトへの参加を選ぶのは、プロジェクトと自分自身の価値観が一致すると感じるからです。つまり、ソースパーソンと他の参加者たちが価値観を共有《シェア》するのは、一緒に価値観を見出したからではなく、明文化されていなかった時点ですでに参加者がプロジェクトの価値観に共鳴していたからなのです。もちろん、一緒にその価値観を言語化することで、よりその共鳴を感じることができるのなら、それに越したことはありません！

ビジョンは後から修正することもありますが、価値観は決して変わりません。たとえ後継者にソースを受け渡すことになったとしても同じです。価値観はプロジェクトの不変のアイデンティティであり、プロジェクトの歴史の流れや、未来にソースを引き継ぐすべての世代を貫き通す糸のようなものです。それはプロジェクトを最もよく説明するものであり、価値観が変われば別のプロジェクトになってしまうでしょう。

ビジョンと価値観は共に、最初のイニシアチブの魂であり、プロジェクトのＤＮＡ、つまりアイデンティティとパーパスといったプロジェクトの本質を捉えるものです。また同時にプロジェクトの骨格を決めるものであり、それをソースパーソンは責任をもって示す必要があります。プロジェクトの価値観が無視されたり、ビジョンが妨げられたりしたときに、ソースパーソンが強引に介入することは珍しくありません（そうしないのはコンセンサス志向が強いタイプでしょう）。このときソースパーソンは、プロジェクトに奉仕する守護者としての役割を懸命に果たそうとしているのです。

ここまでソースパーソンの3つの役割を見てきました。定義をまとめてみましょう。

ソースパーソンはアイデアやビジョンを受け取り、それを実現するためにイニシアチブとリスクを取り、次の具体的なステップを決定し、誰もが自分と同じように価値観とビジョンを尊重するようにする。

起業家、案内人、守護者。どれもレスポンシビリティを負っているという意味では似ています。あなたはこの3つの役割のうち、どのレスポンシビリティを果たしているでしょうか。次に進む前に、少し考えてみましょう。

＊1　「直感」と「ソースチャネル」

本書のフランス語版を出版したあと、姪のカーラ・ホーベンが唐突にジョセフ・ジャウォースキーの本を送ってくれた。『源泉』(Joseph Jaworski, *Source*, Berrett-Koehler Publishers, 2012, 邦訳は英治出版、2013年) という非常に刺激的なタイトルだった。この本は、ジャウォースキーがオットー・シャーマーや他のMITの同僚たちと「U理論」と呼ばれる学習とマネジメントの理論を研究している中で生まれたものだ。

直感やソースチャネルなどに関して、ピーター・カーニックと似たような考えを多く発見して、私はとてもわくわくした。この示唆に富む理論において、ソースの概念は「Uの底」と結びつけられている。これは、あらゆる本質的でないものを手放すプロセスを通じて、より深い知の源泉と弱くつながる場のことだ。ジャウォースキーは『源泉』の中で、次の2つの基本的な問いに答えようとしている。「知とつながって、その瞬間に必要な行動をとれるようになる私たちの力の源泉は何なのか?」「どのようにすれば、個人としても集団としてもその力を発揮できるようになるのか?」

＊訳注　案内人の役割が起業家の役割を後押しする

対話によって次のステップを知ることは、案内人の役割の1つである。そしてリスクを取ることは、起業家の役割の一部である。ソースパーソンは、案内人の役割(内省と対話)を果たしているときに、次のステップにはリスクが伴うことがわかるようになる。こうして、案内人の役割から、リスクを伴う次のステップ(=起業家の役割)に踏み出すことができる。

つまり、案内人の役割は、起業家としての役割を後押しすることでもある。リスクに意識的になると、効果的にリスクを取れるようになっていくはずだ。

3 ソースであることを自覚し、自己と向き合う

Recognizing yourself as source and living it out

地球上の水の多くは地中に存在していて、ある日突然起こる地割れや地形の変化によって湧き出します。似たことがソースパーソンにも起こるのです。人間にはスキル、個性、人生経験という肥沃な大地があり、そこにアイデアが唐突に出現します。水が自然に流れていくように、ソースパーソンはイニシアチブとリスクを取ることで流れを生み出し、次のステップに迷うときには回り道をしながら、自分なりの風景をエルゴン（作品）に描いてゆくのです。

水は地平線の向こうへと、どこまでも流れていきます。ソースパーソンもまた、プロジェクトを立ち上げるだけでなく、それを維持して発展させていく。そのためには少なくともソースとしての役割を認識し、それに伴うレスポンシビリティと機会を自覚して行動しなければなりません。その自覚に従って生きるのです。

アマチュアとプロは何が違うのでしょうか。「アマチュアは何をすべきかを知っているが、プロは何をすべきでないかを知っている」という格言があります。私がソースパーソンの役割を果たそうとするとき、自分がプロではなくアマチュアだと思い知らされる場面も多くあります。「何をすべきかを知っている」だけでは、ソースとしては未熟です。ピーター・カーニックが言うところの「ソースの病理」、つまりやってはならないことをきちんと理解している必要があります。

もしソースパーソンとしてのレスポンシビリティを十分に果たせなかった場合、その失敗は私のイニシアチブ、自分が果たす役割や他者との関係性、そしてプロジェクト全体に直接影響を与えるでしょう。そしてその影響は長期にわたって続くはずです。ソースパーソンはプロジェクトの最も強力な推進者ですが、主な障害の原因もまた同じソースパーソンにあることが多いのです。

どうすれば「プロ」になれるでしょうか。まずはソースパーソンの役割と照らし合わせて自分の弱点を認識し、しかるべき解決策を見出すことです。

それでは、ソース原理の世界で「患者」を苦しめる病理を1つずつ見ていきましょう。

1　ソース否定病――ソースの役割を無視する

ソースの病理の中でも最も手強いのは、ソースとしての自分の役割やその影響力に無自覚であるというものです。

この病理は、患者数もイニシアチブへの影響力も最も大きいものです。これはビジネス、団体、あらゆるイニシアチブを荒廃させてしまいます。ソースパーソンが自分の役割を自覚すれば、多くの苦しみと、エネルギーやリソースの浪費を避けられたはずなのです。

誰が責任者なのかをみんなが知っているにもかかわらず、ソース否定病の患者は責任者がいないかのように振る舞います。これがプロジェクトにブレーキをかけ、チームや組織を邪魔してしまうのです。このとき誰もがソースパーソンに疑問に満ちた目を向け、どうすれば本人がステップを示してくれるようになるのかと知恵を絞っています。

ソースのこうした振る舞いがどれほど多くの被害をもたらすかは、経験者でなければ想像しづらいでしょう。私にも、ある公益法人に携わっていた数年間、自分がソースではないかのように装ってしまった経験がありますが、今思い出すのも苦しいものです。私は自分自身に対しても偽っていました。そのときの監督委員会は、無慈悲な確執に時間を浪費し、神経をすり減らすばかりでした。

ソース否定病に陥ってしまったのは、起業家としてリスクを取ること、案内人として羅針盤を示し導くこと、守護者として境界線を守ることを、あまりにも長いあいだ手放していたからです。まるで飛行機がパイロットなしで、あるいはいたとしても本人が居眠りしたまま飛んでいるようなものでした。

少し辛口すぎたかもしれません。ソース否定病に陥った人も、最初のうちは熱意を持ってイニシアチブを取っていたでしょう。私もそうでした。しかし何らかの理由があって情熱を失ってしまったのです。

あるいはソースパーソンが、イニシアチブの責任を負う立場になることをイメージできていなかった場合もあります。たとえば、自分にはプロジェクトを前進させていく能力がないと感じていたかもしれないし、最初のアイデアがこれほど大きなプロジェクトになるとは想像していなかったのかもしれません。

この病理をどのように乗り越えればよいのでしょうか？　イニシアチブに一歩踏み出すそのとき、ソースパーソンである自分は何を起こそうとしているのかを考えてみる必要があります。私の経験上、過去の失敗を思い出すことが役立ちます。新しいイニシアチブを始めるときに、ソースとしての役割をより真剣に考えることができるようになるからです。

一方で、ソースパーソンが病理に気づかずにいつまでも役割を果たしていない場合、治療は手強く長期にわたるでしょう。もっと根本的な原因から解決しなければならないかもしれません。たとえば、怠け癖、自尊心の欠如、自信のなさといった性格上の問題が原因からです。あるいは「自分は無能で、アイデアも面白くない」「他の人は自分よりうまくやっている」といった思い込みも、よくあるつまずきの原因です。

失敗やリスクを冒すこと、あるいは他の人から非難されることを、イニシアチブを取るときに必要以上に恐れているのかもしれません。または「ソースの責任を果たそうとすると主導権争いになってしまう」「次のステップを独断で決めるのは誰かを操作することだ」など、自分が無意識にイメージしているソース像を立て直す必要があるかもしれません。

ソースパーソンは、誰もが内面にさまざまな壁を持っています。これは人間が非常に創造的であることの証しなのです。

イニシアチブを取る人は、遅かれ早かれ自分の弱さと向き合わなければならないでしょう。そしてソースとしてレスポンシビリティを持つという行為は、まさにその弱さを炙り出す強力な引き金となることを忘れてはなりません。誰であっても、人生においてこの壁にぶつかる場面が訪れるでしょう。それればかりか、私たちは壁に向き合うよう招かれているのです。その影響を取り除くことができなくとも、和らげることはできるはずです。

他者との対話やトレーニングは、ソースパーソンとしての自覚や振る舞いを取り戻すプロセスを手助けしてくれます。それまでの自分に囚われてしまうとき、他者と経験を共有してサポートし合うことは、ソース原理の理解を深め、ソースと自分自身を結びつけてくれるでしょう。私たちは関係性の中で生きていて、あなたは1人ではないのだということを忘れないでください！

実は、ソースパーソンが自分のイニシアチブを成就させるためにできる最もパワフルなことは、この内なる葛藤への取り組みなのです。これは深い自尊心と自己愛を培うことであり、「ソーシング」という人間的かつ高貴で創造的な活動において自己を余すことなく発揮するために必要です。それによって、ソースパーソンなしには決して存在しなかったものが実現されるのです。

2　暴君病——エゴをソースと勘違いする

2つ目の病理は、ソースパーソンの役割を過剰に担おうとすることです。ソースのあらゆる面を抱え込むあまり、イニシアチブとその派生物の「管理者」ではなく、自分はその「所有者」であると思い込んでしまうのです。

ピーター・カーニックは「ソースパーソンは文字通り独裁者であるべきだ。次のステップが明らかになったら、すぐにそれを指示しなければならない」と言っていますが、もちろん、これは他者に対して威張ったり暴君的に傷つけたり打ちのめしたりすることを意味しません。

この暴君病（オーバーソーシング）は、特にソースパーソンが会社のオーナーのように法的にもイニシアチブの所有者であったり、プロジェクトの主な資金提供者であったりする場合に、より病状が悪化する傾向があります。エゴとソースを混同し、ソースの役割が持つ特権をレスポンシビリティとして捉えずに、エゴを増長させるものとして扱ってしまうのです。

心理学におけるエゴの本来の意味は「自己顕示欲」や「自己認識」であり、これは極めて健全な、人格のバランスを保つために不可欠なものです。しかし本書で意味したいのは、「エゴマニアック（自惚れ屋）」という表現にあるような「誤った自己顕示欲」のことです。逆説的ではありますが、ソースの役割をやりすぎる人は、自分のレスポンシビリティを果たせていません。ソースパーソンとしてプロジェクトに取り組むのではなく、それを個人的な欲望や課題のために利用しているのです。

誰でも、権力を振りかざしてプロジェクトを牛耳ろうとする人に出会った経験があるでしょう。常に自分が優位に立とうとし、怒り、時には暴力さえ振るう人です。すべてをコントロールして他のメンバーに少しも譲ろうとせず、自分に都合の良いルールをつくり、それを容易く自ら破ってしまう。一見するとソース原理を謳っているかのように見せて、実は「私と同じ立場で行動するな、私の言うとおりにしろ」を信条にしているのです。暴君病の患者は、ソースの繊細なインスピレーションよりも、主張の強い自分のエゴを優先するようになります。

実はこの独裁的な態度の背後には、「ソースらしさ」と「自然なオーソリティ」に対する信頼のなさがあります。患者は自分の弱みとソースらしい振る舞いを混同し、それを自分の強引なエゴに置き換えることで補えると思い込んでいるのです。その結果、目立たないけれど強力で効率の良い太陽光発電のようなソースの代わりに、ガソリンを大量に消費するエゴというエンジンを使おうとしてしまいます。スモッグ警報が鳴りますよ！

おそらく最も残念なのは、インスピレーションを最初に受け取ったソースパーソンから開花したかもしれないイニシアチブ、プロジェクト、ビジネス、関係性が、その潜在力を最大限発揮できなくなることです。

この深刻な病を治療するには、どうしたらよいでしょうか。ソース否定病と同じように暴君病の患者も、自分の性格で障害となるものと真剣に向き合う必要があります。たとえば、自信のなさ、思い込み、恐れ、ソースのレスポンシビリティを果たすとはこうあるべきだという狭い見解などです。

時には、自分のプロジェクトや人間関係で不快な思いをして初めて、内省が必要なのだと気づくでしょう。この内なる道を歩むソースパーソンたちの中には、しっかりと巡礼者の杖を握り、光り輝く謙虚で力強いソースへと劇的に変貌を遂げる人もいます。そして彼らのプロジェクトの魅力が再び源泉から湧き出るようになるのですが、これはまさにソースの変貌を美しく証明しているといえるでしょう。

ソースパーソンがエゴの砂漠を乗り越えると、自分自身を深く理解し、自分の弱みと向き合えるようになります。この素晴らしい姿勢は、16世紀に活躍した聖フィリッポ・ネリの祈りと共鳴します。

「主よ、私にご用心を！　さもないと裏切ってしまうかもしれないから」

ソースパーソンは微笑みながら、このように言うでしょう。

「ソースよ、私のエゴにご用心を！」

グローバルソースだけでなくサブソースにも、暴君病の症状が現れることがあります。これを「ソース強奪者病」と呼びましょう。たいていは無意識のうちに、ソースパーソンの地位を奪うという野心に蝕まれている人です。ソースパーソンの役割に割り込み、それを乗っ取ろうとするのです。

もちろん、この努力は失敗に終わるでしょう。なぜならプロジェクトのソースは、誰にも強制されることなく、源泉であるソースパーソン自身によってのみ、本人の自由意志で受け継がれるものだからです。

ソースパーソンの内にあるものを、誰も奪うことはできません。アップル社のソースであるスティーブ・ジョブズが、2年間会社を離れざるをえなかったことがあります。しかし彼がそうであったように、ソースパーソンは自分のプロジェクトから物理的に排除されることはあっても、そのソースを積極的に他の誰かに譲らない限り、常にソースパーソンであり続けるのです。

ソース強奪者病の患者が見落としているのは、ソースは不可侵であり、それを乗っ取る試みは明らかに無駄だということです。彼らは時に極めて巧妙にプロジェクトの意思決定に入り込み、影響力のある地位をものにして「パワー」を手に入れようとします。また自分の意見をいつでも通そうとし、事あるごとに自分が真のソースであることを主張します。あるいは、グローバルソースが自分に託していないフィールドのサブソースを強引に引き受けようとすることもあります。

ソースの強奪者は、エゴに飲み込まれてしまっているのです。暴君病の患者と同じように、自分の欲望をプロジェクトに押しつけてしまっています。しかしソース強奪者病が発症するのは、ソースパーソンが肉体的にも精神的にも不在の場合だけです。つまり、ソースパーソンが自らのレスポンシビリティを放棄しているときに見られるのです。

このレスポンシビリティの軽視は、ソース否定病と同様に、ハイジャック犯が忍び込める「ソースの隙間」を生み出してしまいます。強奪者がソースパーソンの代わりになれると思うのは、そのポジションを完全にソースパーソンが掌握できていないからなのです。どうにもならないし、幸運を祈るのみです。

ソースの強奪者から身を守るにはどうしたらよいでしょうか。彼らの虚しい試みはプロジェクトに混乱を引き起こし、大きな損害を与えることになります。最善の方法は、源泉であるソースパーソンが立ち上がり、断固とした行動と自信に満ちた心で自分の役割を取り戻すことです。ソース強奪者病の患者にとっては、他人のソースにまとわりつくのではなく、自分が正真正銘のソースとなるものを見つけ、それに集中することが治療になるでしょう。

3　怠け者病――ソースの仕事にまったく注意を払わない

3つ目の典型的なソースの病理は、自分をソースと認識していながら行動を起こそうとしない人です。自分の直感に耳を傾け、リスクを取って行動し、次のステップを明確にし、一貫した価値観やビジョンを守るというソースの仕事をなおざりにしています。

ソースパーソンのエンジンが低調なとき、イニシアチブやプロジェクトはその可能性を十分に発揮することができません。時間が経つにつれ、プロジェクトは厳しい時期へと一転するでしょう。当初は熱意を持って参加していた人も、より魅力的な挑戦を求めて離れていきます。

プロジェクトに残っているエネルギーによって、しばらくの間は存続できるかもしれません。しかし無気力な状態からソースパーソンが抜け出さない限り、イニシアチブの死という結末が待っていることには変わりありません。

ソースパーソンは誰でも、「ソースの歩み」のどこかで怠け者病に苛まれるでしょう。やる気のエンジンがかからなかったり、無気力になったりしてしまう時期があるのです。しかし適時に治療をすれば、短く終わらせることができます。

ソース否定病や暴君病の患者と同じように、頑固な障害に阻まれる人もいるでしょう。ここでも先述した治療法が効果的です。性格や思い込みに働きかけ、恐怖心や無意識の投影に向き合います。1人での内省、あるいは他者やグループとの対話の中で実践してみてください。

他にもいくつかの治療法があります。

●ソースパーソンとして行動することを心に決める

外的な達成目標ではなく、内的な意志としてこれを扱い、定期的に自分の内に確かめましょう。[*1] 意志とはスイッチのようなもので、イニシアチブを前に進める始動装置であり、引き金となるものです。

●一歩下がって、ビジョンを設定し、次のステップを明確にする

心のスイッチを切って　Turn off your mind
リラックスして、流れに身を委ねて　relax and float down-stream
それは死ぬこととは違う　It is not dying, it is not dying

——The Beatles, Tomorrow Never Knows

まさにビートルズの歌詞の通りのことを、私は定期的に実践しています。内省や対話を通じて、「ソースである自分」を振り返ることだけに充てるエネルギーと時間を確保するのです。自分の仕事のペースを落とし、視野を広げて「ソースの目線」を向けるようにします。ソースパーソンにしか見渡せない景色があるのです。この期間は細かい業務を他の人に任せ、ソースとしての自分の役割に集中しています。

喜びとともに、レスポンシビリティを背負う

「責任がある（responsible）」人とは、語源からたどれば「応える（response）」ことができる人を指します。これはまさにソースパーソンの役割です。アイデアに対して応えるのが、ソースパーソンが担う最初のイニシアチブです。次に、絶え間なく明確化する作業を通して、「次のステップは何か」という問いに応える。そして最後に、プロジェクトの価値観やビジョン、進むべき方向性、どんな人とどんな成果を生みたいかなどを伝えることによって、プロジェクト全体に対して応えるのです。

たとえば、もし次のステップでリスクを取るべきなら、すぐにでも飛び込むのが、ソースとしてレスポンシビリティを果たすということです。次のステップがさらなるイニシアチブを取ること、あるいは誰かを解雇することなら、それを今すぐ実行しましょう。次のステップがとりあえず何もしないことなら、すぐに実行して草むらに寝転んでリラックスしてください！

では、なぜ「喜びとともに、レスポンシビリティを背負う」のか。自分の中にある答えを喜びの心で表現するほうが、はるかに美しく、生き生きとするからです。簡単ではないですが、そうして初めてソースパーソンのエルゴンは芸術に変わるのです。

本章のまとめとして、ソースがどのように妨げられ、弱まっていくかをおさらいします。これまで説明してきた病理を俯瞰すると、それぞれがまったく別のプロセスをたどっているわけではないとわかります。実際には、3つの病理は互いに影響し合っているのです。私たちは誰だって、時にソースを否定したり、暴君のように振る舞ったりしているのです。そして、たまにサボってしまうのもあなただけではありません！

ソースの状況を視覚的に理解しやすくするために、1本の直線上にカーソルが当たっているのを想像してください。一方の端は個人的関与が0％（怠け者病）、もう一方はエゴが100％（暴君病）であることを表します。カーソルすら見えない人はソース否定病です。ソースパーソンが健全な状態に戻るためには、カーソルをきちんと認識して手に取り、両極の中間に来るように移動させなければなりません。

ギリシャの哲学者アリストテレスは、中庸は徳の場所であり、平均ではなく、完全なものだと説明します。[*2] 不足と過剰のあいだの頂点、山でいえば尾根のようなものであり、どちらかの斜面に滑り落ちないように注意しながら歩かなければなりません。

両極のあいだの頂点に留まり続け、滑り落ちたらそこまでよじ登ることは、すべてのソースパーソンが永続的に向き合わなければならない課題です。私たちは行動を通して、常に中庸という徳を実現するよう誘《いざな》われているのです。

自分がソースなのだと自覚し、内なるカーソルを中庸へと動かしてください。それに従えば、あなたがソースであるイニシアチブ、プロジェクト、仕事、人間関係において多大なエネルギーが解放されるでしょう。

エネルギーは、プロジェクトに対する情熱という形でソースパーソンの中に育まれます。時間とともに、この情熱は伝染していきます。他の人がプロジェクトに参加するとき、彼らの意欲と熱意によって情熱の火がさらに煽られ、たちまち燃え広がるのがわかるでしょう。

この情熱はソース原理を扱う際にも変化をもたらします。ソースパーソンとしてのレスポンシビリティに圧倒されることなく、職人や創造者としての特権に喜びをもって応えられるようになるのです。

あなたは自分のイニシアチブに、この情熱、このエネルギーを感じているでしょうか？

＊1　２０１７年に出版したオーディナータに関する書籍（*Le dit d'Ordinata*, Aquilae Editions, 2017）の中で、私は「目標によるマネジメント」の代わりに「意志によるマネジメント」を提唱した。意志は、ソースと同じように、人間の内側から湧き出るものである。一方で目標は、自分自身や他者によって課され、常に人間の外側にある。つまり意志は、目標よりもはるかに動機づけがしやすく、効率的なのだ。

＊2　『ニコマコス倫理学』１１０７ａ（*Nicomacheah Ethics*, 1107*a*, 邦訳は光文社、２０１５年など）

Part 2

ソースのレスポンシビリティを共有する

Sharing source

4 グローバルソースとサブソース

Sources—global and specific

第3章で説明した通り、まずは自分の中にソースを迎え入れ、そのレスポンシビリティを他の人と共有します。これは自然な流れであり、ソースパーソンが誰の支援も受けず、完全に1人でイニシアチブを取ることはほとんどありません。アイデア実現のためにイニシアチブを取るとき、多くの場合は他者の助けを必要とするのです。

自分のプロジェクトに誰かを迎え入れるとき、「どのレスポンシビリティをその人と共有し、何を自分の手元に残すのか」を、ソースの視点から判断しなければなりません。

この大きな問題に対して、3つのステップで答えていきましょう。第4章では、プロジェクトにおいてソースのレスポンシビリティがどのように分配されるのかを深く掘り下げます。次に、第5章でソースパーソンとプロジェクト全体との関係について考察します。そして第6章で、ソースパーソン同士のコラボレーションについて探求していきましょう。

ピーター・カーニックは、人がアイデアや直感やインスピレーションを迎え入れ、それを実現するために積極的にリスクを取り始めるとき、「フィールド」が生まれると説明しています。フィールドをつくり出した瞬間に、その人はソースパーソンになります。

この「プレイング・フィールド（活動の場）」は、イニシアチブがプロジェクト、事業、家庭、役割、関係性へと発展するための舞台となります。

フィールドはそれぞれ異なる輪郭を持ち、ソースパーソンが自分のイニシアチブに見出すビジョンや価値観がフィールドを描き出します。また、フィールドは細胞に例えられることもあります。プロジェクトが置かれている環境が持つ可能性に応じて、ソースパーソンが自由に拡張あるいは縮小することができるのです。

フィールドをつくり出したソースパーソンは、それをどう発展させていくかというレスポンシビリティを常に持ち続けることになります。ソース原理では、フィールドの空間的な広がりと時間的な進化の両方に対してレスポンシビリティを持つ役割のことを「グローバルソース」と呼びます。グローバルソースを名乗るのは、フィールドの所有者だからではなく、そのレスポンシビリティを負うからです。ソースは務めであり、所有することではありません。ソースは少なくとも3つの役割（起業家、案内人、守護者）を引き受けることで、そのレスポンシビリティを果たすのです。

グローバルソースがイニシアチブを実現するためには、協力してくれる人たちのサポートが必要です。協力者の現れ方はさまざまです。グローバルソースのエネルギーと情熱に惹かれて向こうから飛び込んでくることもあれば、グローバルソースが直感を頼りにプロジェクトの部分的な役割を自らその人に割り当てることもあります。

協力者を迎え入れるとき、グローバルソースはフィールドに彼らの居場所を提供します。具体的には、新しい参加者がフィールドのどの領域で活動するかを指定することで、その人が自分のプレイング・フィールド、つまり自分の仕事場を持てるようにするのです。新しい参加者はこれを受け入れることで、フィールドのその部分のソースとしてレスポンシビリティを持つことになります。これが「サブソース」であり、グローバルソースが定義したプロジェクトのフレームワーク（ビジョンと価値観）に従って、3つの役割（起業家、案内人、守護者）を担うのです。

グローバルソースがフィールドの一部を受け渡した瞬間から、サブソースはそのフィールドに関する直感やアイデアやインスピレーション、そしてそれらの実現に必要なエネルギーを受け取るようになります。一方グローバルソースは、サブソースに受け渡したフィールドに関するギフトを受け取れなくなります。

ここにグローバルソースから受け渡されるギフトと、サブソースの基本的な役割の両方を尊重する「ソース・エコノミー」が形成され、プロジェクトの効率性が大幅に向上します。ある人から別の人へと「直感の伝達」が可能であることから、ソースは目に見えなくとも、確かに実在していることをおわかりいただけるでしょう。

1つのプロジェクトが発展していく過程で、数多くのサブソースに出会うことがありますが、最初のイニシアチブのグローバルソースは1人だけです。プロジェクトでも、事業でも、オペラでも、家庭でも、人間関係でもそうです。たとえプロジェクトの初期からチームがあったとしても、最初のイニシアチブとリスクを取ったのは、その中の誰かただ1人なのです。

グローバルソースを突き止めるのに、調査やインタビューが何度も必要になることがあります。しかし、それだけの手間をかける価値があるのです。なぜならプロジェクトのグローバルソースが明確でない場合、そのソースパーソンは何らかの問題を抱えている可能性が高いからです。第3章で説明したように、ソース否定病や怠け者病にかかっているのかもしれません。プロジェクトのソースパーソンが明確でないためにソース強奪者病にかかっている人がフィールドを荒らしてしまっている可能性もあります。

サブソースは、自分が受け持つプレイング・フィールドに他の人を招き入れることができます。このとき、プロジェクト全体ではサブソースとして振る舞いながら、自分のフィールドにおいてはグローバルソースとしての役割を担うことになります。

最終的にはプロジェクトに参加する1人ひとりが、フィールドの大小にかかわらず、自分自身をサブソースだと自覚しなければなりません。サブソースもみな、イニシアチブとリスクを取ることでプロジェクトに身を捧げ、直感を働かせて次のステップを明確にしていくのです。

このように、グローバルソースとサブソースが連鎖的に拡散し、三角州のように複雑に枝分かれしたネットワークが生まれます。これは重要な資産です。プロジェクトの異なる部分を互いに結びつけ、プロジェクトの豊かさを保つからです。

プロジェクトの継続力と結束力が1人のグローバルソースによって供給される一方で、多方面から集まるアイデアや直感の宝庫を活かし、協力者とレスポンシビリティを適切に分担できるようになります。ソースがうまく共有されているプロジェクトでは、1人ひとりが役割を持ち、自分の才能を発揮できるのです。

ソースの連鎖といえば、かつて私が勤めた会社のことを思い出します。当時は無名だったピエール・ヘマーが創業した、スイス初のインターネット・サービス・プロバイダでした。インターネットのことをほとんどの人が知らない時代に、先見の明があったピエールはインターネットを普及させようと考えたのです。

彼はグローバルソースの良い例です。ピエールは自分の仕事の重大さを理解し、すぐにエンジニアを中心に協力者を探してプロジェクトに参加してもらい、フィールドの一部を意図的に彼らに任せました。インターネットの普及においては、技術的な課題よりも、人間的・社会的な課題のほうが大きいという直感に従って、他分野の専門家にも協力を求めました。考古学者や言語学者や哲学者など、さまざまな分野の専門家を招いてプロジェクト・マネジャーとして動いてもらったのです。顧客とのコミュニケーションでは、こうした専門家がＩＴエンジニアよりも活躍しました。

ピエールは新しい協力者が来ると、「インターネットという新規事業の自由を活かして、自分だけの仕事を創造し、かたちにしてほしい」と伝えました。これはもちろん、ソース原理が概念としてまとめられる前の話ですが、ピエールが伝えたかったのは同じことです。1人ひとりが自分の領域のあらゆるレスポンシビリティを果たすサブソースになれ、と言っていたのです。

彼はソースとして完全ではなかったかもしれません。しかし、40人もの協力者たちに、3つのソースの役割（起業家、案内人、守護者）を伝えた功績は絶大なものです。ピエールのビジョンは、瞬く間に広がりました。2001年にインターネット・バブルが崩壊して会社が倒産したとき、協力者たちはそれぞれユニークな経験を活かして起業し、その数は7社にも及びました。オーディナータもその1つです。私たちはサブソースの役割を通して鍛えられ、次はグローバルソースとしてイニシアチブを取れるようになる勇気と熱意を育むことができたのです。連鎖するソースにおいて多様なポジションを私に託し、「ソース見習い」の機会を与えてくれたピエールに、心から感謝しています。

連鎖するプロジェクトのソースを視覚的に表現すると、大きな円（グローバルソースのフィールド）の中に、複数の異なる大きさの円（サブソースのプレイング・フィールド）があり、そのうちいくつかの中にさらに他の小さな円が含まれるかたちになります。その円の1つひとつがソースパーソンに対応しています。ソース原理の世界的ネットワークの中心的な人物である、トム・ニクソンが開発したマップティオ（Maptio）というソフトウェアを使うと、簡単に関係性をマッピングすることができます（www.maptio.com）。誰がプロジェクトに関わっていて、どのようにつながっているかがわかりやすくなります。

マップティオで描かれた入れ子の円のマップによって、プロジェクトのソースパーソンたちの関係性を一目で理解できます。プロジェクト内に自然に形作られる協力関係を明らかにし、従来の組織図にはなかった部分を補ってくれるでしょう。従来の組織図は「どのように（how）」を強調するのに対し、入れ子の円で可視化されるソースの図は「なぜ（why）」に光を当てているのです。

重苦しさや偏った印象のある伝統的な階層関係ではなく、入れ子の円で表現されるソースの連鎖は、ソース同士の有機的なつながりを反映しています。言い換えれば、さまざまな働きをする人たちの複雑な関係性をわかりやすく示しているのです。直感を受け入れ、イニシアチブとリスクを取り、次のステップに目を向け、ビジョンと価値観とアイデアを共有するグローバルソース。そして、自らのビジョンと価値観とアイデアでもってプロジェクトを豊かにするサブソースたち。

こうした関係性はグローバルソースのフィールドを拡大するとともに補完し、これによってソースの連鎖が縦横無尽に広がります。さらに突き詰めて言えば、入れ子の円が表すのは、それぞれが自分に託されたフィールド（またはフィールドの一部）の広がりと進化に対するレスポンシビリティなのです。

ソース同士の有機的なつながりを連鎖やネットワークのイメージで説明しましたが、これは「ヒエラルキー」という言葉に新たな意味合いを与えます。ソースのネットワークはまったく偶然に生まれるものではなく、各々が自分の役割を持ち、プロジェクトのフィールドに応じたレスポンシビリティを全面的に負うという暗黙の秩序に従っている結果なのです。ピーター・カーニックも、「ヒエラルキーとは本来、神聖な秩序のことを意味していた」と指摘しています。

1人ひとりがレスポンシビリティを全面的に負うとは、どういうことでしょうか。まず、グローバルソースはプロジェクトのイニシアチブを取った時点で、そのフィールド（空間）とその発展（時間）に対してレスポンシビリティを負うと説明しました。他方でサブソースも、プロジェクトのフィールドの一部に対してレスポンシビリティを負います。この2つのレスポンシビリティは重なり合い、互いに干渉することがあるでしょう。うまく調和させるには、どうすれば良いでしょうか？

アリストテレスのアナロジー思考に沿って検討してみましょう。グローバルソースとサブソースの両方が全面的にレスポンシビリティを負いますが、レスポンシビリティの負い方は同じではないと捉えてください。すべては視点の問題です。レスポンシビリティというものを、ただ1つの定義を持つ明白な概念と捉えるのではなく、多層的な現実があって、何通りもの方法で理解できるのだと考えてください。対象の性質や見るときの視点によって、さまざまに理解することができるのです。

サブソースの視点から見てみましょう。サブソースは自分のフィールドにおけるすべてのレスポンシビリティを負っています。起業家と案内人と守護者の3つの役割を完全にこなし、直感を受け入れるために自らをオープンにし、次のステップを明確にし、リスクを取る。これらを引き受けるのはサブソースであり、グローバルソースが代わりにやってくれることはありません。

同時に、グローバルソースの立場から見ると、サブソースのレスポンシビリティは相対的なものです。サブソースは自分のフィールドにおいて、プロジェクト全体のビジョンや価値観が損なわれずに尊重されている状態を維持しなければなりません。つまり、サブソースはある意味で、自分のフィールドにおけるビジョンや価値観を、グローバルソースから押し付けられるフレームワークと調和させなければならないのです。また、サブソースのレスポンシビリティは、他者から請け負っているという点でも相対的なものだと言えるでしょう。

次にグローバルソースのレスポンシビリティについて考えてみると、興味深いことにほとんど同じことが言えます。グローバルソースはプロジェクトに対するすべてのレスポンシビリティを負い、もちろん、この中にはサブソースに任せたフィールドについても含まれます。これに加えて、プロジェクト全体のフレームワーク（ビジョンと価値観）に対するレスポンシビリティもあります。

一方でサブソースの視点から見れば、グローバルソースのレスポンシビリティも相対的なものです。なぜなら、サブソースが自らのフィールドでレスポンシビリティを果たさない限り、グローバルソースはプロジェクト全体に対するレスポンシビリティを果たすことはできないからです。グローバルソースにはサブソースのサポートが必要なのです。そしてグローバルソースもまた、自分が構築したフレームワーク（ビジョンと価値観）を損なわない状態を維持しなければならないという点で、そのレスポンシビリティは相対的なものだと言えます。

これらの一見相容れない視点は、グローバルソースとサブソースが、それぞれ自分のフィールドのレスポンシビリティを全面的に負うと同時に、互いに補い合って調和しているのです。このパラドックスを、古代や中世の哲学者たちは「相互因果性」という概念を用いて説明しました。[*1] ソースの相互関係は、どちらかのレスポンシビリティを損なうのではなく、むしろ互いを結びつけるものです。

グローバルソースの関心はフレームワークを含めたプロジェクト全体に関わるものであるのに対し、サブソースの関心はプロジェクトの一部に関するものです。両者とも、プロジェクト全体に対する自分の位置や影響力に応じて、そして相互関係に従いながら、それぞれのフィールドでソースパーソンのレスポンシビリティを果たします。つまり、サブソースであれグローバルソースであれ、他のソースパーソンのレスポンシビリティと相互につながっているのを理解したうえで、自らのソースとしてのレスポンシビリティを果たすよう求められているのです。

ソースのレスポンシビリティは、パワー（権力や影響力）とオーソリティ（権威や正統性）の観点から説明することもできます。ピーター・カーニックは、コーチのロバート・ハーグローブが定義した「パワー（行動する能力）」と「オーソリティ（行動する権利）」を紹介しています。哲学者のミリアム・ルヴォー・ダロネスは、「パワー」は空間と結びつくのに対し、「オーソリティ」は時間に刻まれるものだと説明しました。

こうした考え方に従うと、ソースパーソンはフィールド（またはフォールドの一部）という空間においてパワーを発揮し、時間とともにフィールドが発展することによってオーソリティを発揮すると説明できます。

現代では「パワー」を厄介なものと扱いがちです。束縛する、権力を行使する、命令や罰を与える、自分の意志を押し付ける、すべてをコントロールすることなどと結びつけられます。「パワー」をこのように理解する人は、肥大したエゴに支配されてしまっています。同じように考えるソースパーソンは暴君病にかかりやすいでしょう。

実際、ソースパーソンのパワーは別の捉え方をすべきです。それはむしろ、フィールド（またはフィールドの一部）とその未来を耕すために必要なエネルギーを得る能力であり、そのことを正当化するものです。

ソースパーソンのパワーは、フィールドが生まれる（または一部を任される）と同時に現れます。フィールドをつくる（育む）ことを通して、自らのイニシアチブをフィールドに刻み込み、いつでもフィールドを拡張できる力を持つのです。フィールドの環境を尊重しながら拡張していき、フィールドに隠された宝物を発見することで奥行きを深めていきます。ピーターは「ソースパーソンが会話をするたびに、フィールドは広がっていく」と言いましたが、これはその宝物のことなのです。あらゆる会話は意識のフィールドを広げてくれます。

ソースパーソンのパワーは、プロジェクトのフィールド（またはフィールドの一部）が存在する限り持続します。誰もソースパーソンに代わって力を行使することはできません。ソースのパワーをサブソースが勝手に引き継ごうとしても、ソース強奪者となってうまくいかないでしょう。グローバルソースも同様で、サブソースのパワーを奪おうとすれば、もはやその人はサブソースではいられなくなってしまうのです。

ソースパーソンのオーソリティによって、ソースのパワーの行使は時間を経ても持続します。オーソリティ（Authority）という言葉はラテン語の augere に由来し、これは「増加させる」という意味です。つまり、ソースパーソンがフィールド（またはフィールドの一部）に対してオーソリティを持つというのは、フィールドを拡張し進化させることなのです。

心理学者のアリアンク・ビルヘランは、オーソリティの主な3つの機能を挙げていますが、これらはソースパーソンの役割と完全に一致します。

・**生み出す機能**

オーソリティは起源や基礎をつくり出す。特にグローバルソースが最初の一歩を踏み出すときのように、イニシアチブを取る起業家としての役割が当てはまる。

・**保全する機能**

オーソリティは起源を保証し、そのアイデンティティを保護する。ビジョンと価値が尊重されるようにする、ソースパーソンの守護者としての役割が当てはまる。

・**差別化する機能**

オーソリティはイニシアチブが当初の姿を超えて、プロジェクトとして進化するのを可能にし、未来を切り開く。次のステップを明確にすることでプロジェクトの発展と進化を後押しする、ソースパーソンの案内人としての役割が当てはまる。

このように、ビルヘランが提唱するオーソリティの機能はソース原理と重なることがわかります。ソースとしての役割を果たすことで、ソースパーソンはプロジェクト、役割、仕事、チーム、家庭などに対してオーソリティを行使します。つまり、それを生み出し、保護し、発展させるのです。

また、ソースパーソンはオーソリティを持つことでパワーを行使することができます。それは、プロジェクトを耕すためのエネルギーを得る能力と権利を持つという意味でもあります。つまり、オーソリティは単にさまざまな力のうちの1つなのではなく、ソースパーソンにとって物事を動かすための大切な力なのです。

こうした観点から、ソースパーソンが自分のビジョンの実現に向けて取り組むときや、次のステップに他の人を導くときに、強要や強制は必要ありません。強要は、否定的な意味でのエゴの道具です。もしソースパーソンがオーソリティに基づいたコミュニケーションをとれば、それだけでプロジェクトの協力者たちは自然とついてきてくれるでしょう。なぜなら彼らは、ソースパーソンのビジョンの意味と妥当性を理解しているはずだからです。

だからといって、ソースパーソンが何も言わなくていいわけでは決してありません。プロジェクトのフィールドやフレームワークを見失った人に対しては、そのことを明確に言い渡さなければならないこともあります。もちろん、適切なタイミングを見計らうのは簡単なことではありません。第3章で説明したカーソルを注視し、「関与が少なすぎる」と「エゴが強すぎる」の中間を心がけてください。

第4章では、ソースパーソンがオーソリティを行使することでプロジェクトに対するパワーを持つこと、3つの役割（起業家、案内人、守護者）をこなすことでソースのレスポンシビリティを果たせることを説明しました。

また、レスポンシビリティがどのようにサブソースとグローバルソースの間で分配・共有されるのか、この相互関係の中でどのように自然に協力・共存しているのかを理解しました。

第5章では、ソースと集団がどのように相互作用しているのかを詳しく見ていきます。

しかしここで少し立ち止まって、自分のプロジェクトではソースのレスポンシビリティがどのように分配されているか、ぜひ問い直してみてください。

＊1　「相互因果性（reciprocal causality of total causes）」については、スイスの哲学者でジュネーブ大学の中世哲学の教授だったアンドレ・ド・ムラルトが『中世哲学への挑戦』（André de Muralt, *L'Enjeu de la Philosophie Médiévale*, E. J. Brill, 1991）で見事に解説している。3次元的なオーソリティの概念については、アリアン・ビーエランの『オーソリティ』（Ariane Bilheran, *L'Autorite*, Armand Colin, 2016）に詳述されている。彼女はこれをミリアム・ルヴォー・ダロネスの『始まりの力』（Myriam Revault d'Allonnes, *Le pouvoir des commencements*, Seuil, 2006）から引用した。この本は、特にパワーと空間、オーソリティと時間の関係性について述べている。ルヴォー・ダロネスは、オーソリティはパワーと同じではなく、パワーとの関係性で定義されると説明した。オーソリティは時間の中で繰り広げられるのに対し、パワーは空間の共有によって発揮される。オーソリティは社会的な結びつきの基本的な側面である。社会的な結びつきを伝染させ、親族関係や世代を超えたつながりを生み出すと同時に、そのつながりを引き裂こうとするものを常に警戒している。両著者とも、オーソリティとパワーに関するハンナ・アーレントの著作に大きな影響を受けている。

5 ソースが集団を発展させていく

The source develops the collective

グローバルソースは、プロジェクトを開始するという行為を通じて、集団《コレクティブ》も生み出します。グローバルソースが最初の直感をかたちにするために、サブソースをフィールドに迎え入れた瞬間に集団が誕生するのです。このときからソースと集団の相互作用が始まります。

それはまるで自然界のようです。大地に水源が出現し、そこから流れ出た水が水路を形成する。さらに水が流れ出ると、流れは激しくなり、川になる。同じ方向に流れている水路はやがて合わさって、大きな川ができる。水が川に流れ込んでも、その水分子は変化しません。すでに流れている水と混ざり合うだけです。そして、海へと向かう長い旅が始まります。

私たちのプロジェクトや事業も同じです。グローバルソースは他の人たちを招き入れることで、プロジェクトを始動させます。参加者たちはサブソースとしてのレスポンシビリティを引き受け、ソースパーソンの価値観を尊重しながら、そのビジョンの実現を手伝います。サブソースたちは、自分自身のビジョンの実現につながり、自分自身の価値観に重なると感じるから、プロジェクトに参加するのです。

結局のところ、グローバルソースであれサブソースであれ、彼らがプロジェクトに参加する理由は、自分自身の仕事と目的がプロジェクトと共鳴しているからです（第2章の、「目的」と「道筋」を示す守護者としての役割を参照）。

グローバルソースは自分の価値観とビジョンに基づいてイニシアチブを始めるので、これは当然でしょう。しかしサブソースも同じなのです。プロジェクトと共鳴する自分の価値観を表現する機会であり、サブソースとしてプロジェクトのビジョンや価値観を後押ししながら、自分自身のビジョンを少なくとも部分的には実現できるでしょう。

ソースパーソンはそれぞれのミッションに従って、時間をかけてプロジェクトを発展させるとともに、集団の成長にも貢献します。サブソースの方は、自分のフィールドを発展させることでプロジェクトの進化に貢献します。自分の直感に加えて、他のメンバーの助言を頼りに次のステップを明確にし、可能な限り他のメンバーのイニシアチブを後押しして、集団の相乗効果を高めようとします。

グローバルソースの方はというと、新しい協力者を集めて、または飛び込んでくる人たちをサブソースとして歓迎することで、集団を成長させます。彼らと対話をしながら次のステップを明確化することで、相乗効果を生み出します。またプロジェクトのビジョンと価値観を何度も共有することで、集団の文化を醸成するのです。

グローバルソースは、自分のプロジェクトの実現という1つの目的に、ほとんどすべてのエネルギーを注いでいます。グローバルソースにとって、集団そのものはゴールではありません。むしろ、集団はプロジェクトを実現するために不可欠な要素であり、集団を成長させるのはそのためです。

2001年にオーディナータを立ち上げたとき、私を含めメンバーは2人で、それから十数年ずっとそうでした。しかし当初はもっと大きなチーム、あるいは複数のチームになることを想像していました。パートナーが転身を決めて、私ひとりで再出発することになったとき、オーディナータのビジョンと価値観に基づいた新しい集団を形成するチャンスだと考えました。

驚いたことに、これを自分の中で明確にした途端に、候補者が集まってきたのです。数年後、フランス語圏とドイツ語圏を担う2つのチームに成長しました。これはグローバルソースである私がつくったチームですが、サブソースは自ら定期的な社内勉強会を開催してサービスの向上や業務改善につなげ、積極的にプロジェクトの進化に貢献してくれました。

集団の成長をサポートするツールとして「参加型ダイナミクス」[*訳注]という手法を紹介していますが、多くのグローバルソースから実践に役立つという声をもらっています。これは集団のマネジメントとガバナンスの新しいアプローチですが、ベルギーで組織開発の支援をしているマルティーヌ・マレンヌの会社と協働で開発したものです。

私たち2社は多くの集団を支援する中で、この革新的な手法を活用できるように相当数の人々をトレーニングしてきました。参加型ダイナミクスは、ソフトスキルをはじめとする一連のツールや手法を通じて、集合知、コラボレーション、相乗効果を創出・促進することを目的としています。これはサイエンスというよりは、アートのようなものです。そして集団の核心部だけでなく、集団とそれを取り巻く環境においても効果を期待します。

ここで育もうとしているのは、「私たち（We）」のアートです。プロジェクトの協力者同士の連携を促す、プロジェクトの方向性への支持を高める、イノベーションを刺激する、アクションの柔軟性とつながりを高める、よりアジャイルな集団になる、他のメンバーとの相乗効果を生み出す、プロジェクトのビジョンと価値観の整合性を高める。これらを実現するためのアプローチなのです。

参加型ダイナミクスでは、集団または自分にとって重要な問題について意見を述べ、改善策を提案する機会が設けられます。これは集合知を活用するためです。また参加型ダイナミクスの手法では、ノウハウを増やすだけでなく、1人ひとりの対人スキルを育むことも重視しています。

参加型ダイナミクスを実践する集団では、これが共通言語として機能し、みんなが自己表現を通して貢献できるようになります。集団が参加型ダイナミクスを採用するのは、ソースパーソンのビジョンや価値観にうまく当てはまるからです。

組織進化の探求者、環境活動家であるフレデリック・ラルーの著書『ティール組織』（英治出版）は、新しいマネジメントのあり方を模索する多くのリーダーに刺激を与えました。この本の中でフレデリックは、さまざまなコミュニティや企業のグローバルソースである創設者にインタビューをしています。その結果、この先駆者たちが伝統的な組織のヒエラルキーではなく、参加型のガバナンスを採用していることがわかりました。なぜなら、その新しいアプローチが自らのビジョンや価値観と一致するからです。

しかし、もしイニシアチブからグローバルソースを排除してしまえば、彼らが採用した参加型のガバナンスはその根拠と正当性を失ってしまうでしょう。グローバルソースが集団を生み出すのと同じく、グローバルソースが集団の参加型ダイナミクスを生み出すからです。そうして初めて、この方法が他のサブソースにも共有され、彼らもまた自らのフィールドに導入していくようになるのです。グローバルソースとサブソースが集団に対するレスポンシビリティを共有することで、ソースのレスポンシビリティを分かち合うのです。

ソース間のレスポンシビリティの共有に関して例を挙げてみましょう。

私たちのクライアントに子ども支援事業を行う組織があります。これは、いくつかの独立した団体がグループ化され、約150人のスタッフからなる大きな財団となったものです。このグローバルソースは、バラバラだった各団体の性格を1つにまとめるために、参加型ダイナミクスを導入する必要があると考えました。

グローバルソースはまず自分がトレーニングを受けた後、最も身近なサブソースであるセクターマネジャーたちにその手法を教えていきました。そしてセクターマネジャーたちは、この新しい言語を各自のチームに浸透させ、新しい意思決定と問題解決のプロセスを試したのです。同時にグローバルソースは、約30人の従業員とマネジャーが定期的に重要な問題について考え、自分たちの未来について共に戦略的な意思決定をする「戦略カレッジ」を始めました。

数年後、集合知の幅を広げるとともに従来型のヒエラルキーに揺さぶりをかけるために、経営体制を改革しました。当時の経営陣8人が、各部門から1人ずつ従業員を経営チームに招き、重要な業務上の決定をする際には彼らにも加わってもらいました。現在、戦略カレッジと経営チームは3年ごとに従業員メンバーを入れ替えており、最終的にはすべてのサブソースが財団の経営に関わる機会を得られるようにしています。もちろん、これと同時にサブソースたちは、自分のチームで参加型ダイナミクスを実践して経験を積んでいきます。

参加型ダイナミクスは、プロジェクトのビジョンの実現を押し進める際に、集団の中でソースたちの連携を深めるうえでの共通言語として活用され始めているのです。

ソースパーソンがフィールドにおいてどんな状況にあろうと、参加型ダイナミクスは次のステップにおける迷いを払拭する手助けをしてくれます。特に全員が反対意見なしと表明する「コンセント」を得る意思決定のプロセスにおいて、集団のメンバーによる疑問、異論、提案を可視化し、それが次のステップを明確にして決断するのに役立つのです。つまり、第2章で説明した「対話」の具体的かつ効果的な実践法なのです。

参加型ダイナミクスには、大前提となる「同等性の原則（principle of equivalency）」と「優位性の原則（principle of primacy）」があります。この2つの原則は、ソースパーソンが参加型のマネジメントを推進・確立し、集団を尊重するうえで重要な役割を果たすことを物語っています。

同等性の原則

集団の重要な意思決定において、1人ひとりに等しい存在価値と影響力があるということ。サブソースであろうとグローバルソースであろうと、あるいはまだ自分がソースだと自覚していない人でも、すべての人間には等しく存在価値があります。彼らは等しくソースになることができ、提案を実現する力を持っています。

参加型ダイナミクスにおいて、円になって意思決定をするのはこのためであり、参加者全員が中心から同じ距離にあることで、同等性を象徴しています。

●優位性の原則

グローバルソースのプロジェクトに関するパワーとオーソリティ、そしてビジョンと価値観に対するレスポンシビリティのこと。これをもってグローバルソースは、プロジェクトを始め、アイデンティティを確立し、発展させる役割を担い、その結果として集団を維持します。グローバルソースの優位性とは、プロジェクトに奉仕する自らの役割を、グローバルソース自身を含む集団のみんなが認識することにあります。

参加型ダイナミクスにおいて、グローバルソースが気まぐれに、頭ごなしに命令する権利があるという意味ではありません。むしろ、自分の洞察を集団に共有し、プロジェクトのビジョンの方向性を示し、その価値観とフレームワークが尊重されるようにすることができるという意味です。賛同や異論があれば伝え、次のステップを明確にするという行為を通じて、自らの権威ある声を届けることができるという意味なのです。

異論のない意思決定に至るプロセスでは、グローバルソースはサブソースのサポートを受けます。このプロセスは、サブソースからの質問、異議、提案を検討し、次のステップが明確になるまで続けられます。このとき同等性の原則が働きます。グローバルソースが次のステップを完全に明確にするまで、意思決定は下されません。

やがて次のステップが明確になり、グローバルソースがそれを他のメンバーに共有すれば、たとえ疑問を感じている人がいたとしても、本能的に優位性の原則を尊重し、強制されることなく同意するでしょう。彼らはグローバルソースを信頼しているからです。コンセントによる意思決定の決定要因はグローバルソースの明確さであり、その明確さに到達するためにはサブソースの貢献が必要とされるのです。

同等性と優位性の原則はお互いを補完し合い、集団におけるグローバルソースとサブソースのさまざまなレスポンシビリティのバランスを保つことを可能にしています。もし同等性の原則を排除してしまえば、集団はやる気を削ぐ旧態依然としたヒエラルキーに逆戻りしてしまうでしょう。一方で優位性の原則を排除してしまえば、集団は弱体化し意思決定できなくなります。グローバルソースの本質的な役割を認識できなくなった集団は、ソースの明確さにたどり着くことができなくなり、グローバルソースの3つの役割（起業家、案内人、守護者）の恩恵も受けられなくなるでしょう。

参加型ダイナミクスは、集団のアンサンブルを奏でる中でソースパーソン1人ひとりに声を与え、2つの原則を連動させることを前提にしています。2つの原則なくしては、「私たち（We）」のアートは水の泡になってしまうのです。

あなたの集団では、同等性と優位性の原則はどのように働いているでしょうか？　集団をさらに成長させるために、あなたはどんなイニシアチブを始められるでしょうか？

先に進む前に、ここでお互いを愛する「カップル」について少し説明しておきましょう。カップルは非常に特殊でありながら、ありふれた集団の1つの形態です。ピーター・カーニックが指摘するように、2人の関係性は、グローバルソースとサブソースの役割分担から逃れることはできません。

1人はこの関係のソースであり、イニシアチブと最初のリスクを取ります。もう1人は関係を結ぼうという誘いを受けて、この計画に参加します。つまり、どちらかは2人の関係性におけるグローバルソースであり、もう片方はサブソースになります。どちらの役割を自分が担っているのかを自覚することは重要です。自分が負うべきレスポンシビリティを知ることができるからです。

哲学的な言い方をすれば、この2人は同じ関係を共有しているのです。つまり、グローバルソースはその関係の原理あるいは起点であり、サブソースはその関係の原理を示す語彙あるいは目的地です。2人は鉄道の始発駅と終着駅であり、カップルの関係性とはその間を電車が行ったり来たりしていることなのです。

カップルにおいてグローバルソースであることは、サブソースよりも優れているわけでも、より地位が高くなるわけでもありません。グローバルソースというのは単に、関係性を深めるための次のステップを明確にし、自分たちの関係性を発展させることに強い関心を持ち続けられるかが求められているのです。

サブソースの方は、関係性のフィールドの一部のレスポンシビリティを引き受け、2人の関係性の進化に貢献するのを求められます。カップルは多様で、全員に当てはまる例を挙げるのは難しいですが、サブソースのレスポンシビリティとは、たとえば交流する機会を提案すること、一緒にやりたい活動を探すこと、関係が深まるような話題を提供することとです。

グローバルソースが前述したソースの病理に苦しんでいるとき、サブソースは2人の関係に良い影響をもたらす決定的な力を持っています。関係性を豊かにするためには、2人がお互いに関わり合おうとすることが重要なのです。

カップルの関係においてはサブソースである人が、共同生活のさまざまな面においてはグローバルソースかもしれません。たとえばその人は、家庭の収入や家の修理など、生活面におけるソースになることがあります。あるいは、次の休暇の予定や土曜日のジョギングといった共通の活動、ガーデニングや買い物、自分たちの精神面をリフレッシュさせること、子どもを授かる計画のソースかもしれません。どちらかがイニシアチブを取ってリスクを負うことで、その人が自然にグローバルソースとなり、もう1人がサブソースの役割を引き受けるのです。

あなたは、グローバルソースとサブソースの役割をどのように分担しているでしょうか。ソースをどのように分担するか、2人だけの方法を話し合ってみると面白いでしょう。

自分たちだけの方法を意識することで、「2人の集団」の相乗効果を期待できます。これは、あなたのソースのスキルを磨くのに最高な機会なのです。

＊1　フレデリック・ラルーのソース原理に関する考え方の変遷をたどってみると興味深い。『ティール組織』(Frédéric Laloux, *Reinventing Organizations*, Nelson Parker, 2014, 邦訳は英治出版、2018年）においては、まだソース原理を重視していない。「進化型の組織」を明らかにするために彼がインタビューした創業者や経営幹部は、みんな組織のグローバルソースであったにもかかわらずだ。その後、彼はソース原理のセミナーに参加して、その重要性に気づき、少しずつ新しい経営パラダイムのビジョンに取り入れるようになった。たとえば『［イラスト解説］ティール組織』(Frédéric Laloux, *Reinventing Organizations*, Nelson Parker, 2016, 邦訳は技術評論社、2018年）の注19や、ティール組織の実践のポイントを語るビデオシリーズ「Insights for the Journey」の1 - 10などで言及されている。

＊訳注　参加型ダイナミクス（participatory dynamics）

マルティーヌ・マレンヌが「ソシオクラシー」を土台に開発した、組織内、または組織とその周辺環境との間で、集合知、コラボレーション、シナジーの創出を促し、実現することを目的とした実践知でありアート（道）である。ソシオクラシーとは、組織（企業、共同体、家族、政治構造など）が、自己組織化する有機体のように振る舞う意思決定とガバナンスを体系化したアプローチである。

参加型ダイナミクスは以下の要素で構成され、組織構造を一切変えることなく実践可能である。

4つのメソッド

- サーキュラー・モード——すべてが中心から等しい距離で存在している。
- コンセント（Consent）——全員が「反対意見なし」と表明すれば意思決定する。これは「同意」とは異なり、完全に賛同していなくても異議がないことを確認する。
- 候補者なしの投票——適任を決める際に、立候補を募らずに投票して意思決定する。
- ダブルリンク——2つの異なるチームをまたがる役割を必ず2人以上で担う。

4つの心

- 信頼
- あり方を知る
- ソース
- 共鳴

参加型ダイナミクスの核心は、共に在り、共に考え、共に決断し、共に働くことにある。マルティーヌ・マレンヌによれば「私たちの人間性から、真に他者を支援する心を呼び起こす」。

6 誰もが自分の人生のソースである

Seeing the source in each person

これまでの章では、グローバルソースとサブソースがどのようにソースのレスポンシビリティを損なうことなく分かち合っているか、そして両方のソースパーソンがどのように集団の成長に貢献し、プロジェクトのために協力し合っているかを見てきました。

この章では、ソース間のレスポンシビリティの全体像をより深く理解するために、ソースパーソン同士がプロジェクトの中でどのようにコラボレーションするのかを探求します。特に、ソースパーソンの関係において基本的かつ不可欠である、「相互承認」の観点に注目していきましょう。

他者をソースだと認めることとは、ソースパーソン同士の関係性を意義深いものにします。それは、単に当事者にとって豊かな関係であるばかりでなく、それ自体がプロジェクトの達成に貢献するものであるという意味です。

第3章ではソースの否定病を取り上げ、自らをソースだと認めることがソースパーソンとそのイニシアチブの両方にとって、いかに重要であるかを理解しました。次に、他者をソースだと認めるのも、同様に重要であることを学んでいきましょう。

まず、自分がイニシアチブのソースだとみんなの前で認めることは、決して簡単なことではありません。「他人からどう見られるだろう」「自分をアピールするみたいで嫌だ」「自分を売り込んでいるように見えないか不安だ」といった恐れを抱きやすいからです。

しかし、あなたが不安を克服してプロジェクトのソースであることを率直に認めれば、他のメンバーはごく自然とそれを認めて、プロジェクト達成のために動き出してくれるでしょう。するとエネルギーが生まれるのです。これが、自分をソースだと認めることで生まれる第一の効果です。

しかし、他人のソースをどうしても認められない、あるいは認めようとしないことがあります。その極端な例が、第3章で説明したソース強奪者です。一方で、そこまであからさまでなくとも、無意識のうちに認めていない場合もあります。たとえば、起用したアイデアの発案者を無視する、ある洞察に至るきっかけとなった発言について言及しない、ライセンス料を払わずにソフトウェアを使用する、といった振る舞いです。

しかし、ピーター・カーニックが述べているように、ソースを認めないことは自分自身にブーメランのように返ってきます。イニシアチブのエネルギー、つまり誰かのソース

のです。

を自分のものにしようとしたまさにそのプロジェクトのエネルギーを奪ってしまうのです。

そうしたところで、得るものは大してありません。しかも「泥棒」だけが被害を受けるわけではなく、プロジェクトに関わる全員、特に盗みを働いた相手のソースパーソンにも悪影響を及ぼすのです。組織に損害をもたらすような無数の対立のもとは、「ソースを盗む」ことによるものです。

そして、実際には誰かからソースを盗むことは不可能なのだということを思い出してください。ソースの役割は不可侵なのです。あなたが何かを始めたならば、あなたがそのソースです。どんなに否定されてもそれは変わりません。

本書は、まさにソースを認めることとエネルギーの関係を示す具体的な例です。もし私が、ピーター・カーニックをソース原理の「生みの親」だと言及せずに本書を書いたとしたら、この本は盗作になって彼に不義を働くだけでなく、私自身にとってもまったく良い結果をもたらさなかったでしょう。

たとえば、読者は本書のメッセージに違和感を覚えたかもしれません。その不安や違和感は、読者のソース原理の理解を邪魔してしまう可能性があります。あるいは、ソース原理を広めることや、専門家によるグループトレーニングや個別コーチングに参加してみようという読者のモチベーションに良くない影響を与えかねません。

ソース原理の本を書くなら、その語彙や概念を最初に体系化したピーターに言及しないわけにはいかないとわかっていました。だからこそ私は、ピーターに「あとがき」を書いてくれるように頼んだのです。

この本が出版される前から、ソースを認めることが私のプロジェクトに素晴らしいエネルギーを与えてくれました。どのように執筆を進めれば良いかを導いてくれ、頭の中が素早く整理されて魔法のように言葉が出てきたのです。この本を書き始めてからというもの、私のソースの原理を広める試みは、ピーターのエネルギーによって支えられています。

もう1つ、興味深いパラドックスがあります。一見すると、他人の奏でる音色を認めることは、自分の音色の魅力を味気ないものに損なわせてしまうと思うかもしれません。しかし、実際にはその逆なのです。他人の音色を認めると、自分自身の音色が華やかになって魅力が増します。一緒に和音を奏でるのです。

グローバルソースが他者のソースを認めているかを確かめる方法として、他にどのようなものがあるでしょうか。まずはじめに、グローバルソースはフィールドを任せた人たちに対して、真にサブソースの役割を与えているかを確認しなければなりません。

彼らが各々のフィールドにおいて真のレスポンシビリティを負うためには、パワーとオーソリティを明確に持っている必要があります。しかし、そうしたパワーとオーソリティは一夜にして備わるものではなく、時間をかけて育まれるものです。だからこそグローバルソースがサブソースを認めることが重要なのです。さもなければ、他の同僚や協力者たちが彼らをサブソースだと認識するのは難しいでしょう。

グローバルソースがサブソースを「この人はプロジェクト内のこのイニシアチブのグローバルソースだ」と認めるとき、プロジェクト全体のグローバルソースはもう１つの重要な認識をすることになります。

例を挙げて説明しましょう。

ある政府の教育部門で若手アシスタントとして働くエブリンは、大量のファイルをより効率的に分類できる方法をひらめき、これがきっと同僚の役に立つと考えました。彼女がそのアイデアを教育部門のグローバルソースであるマークに提示すると、彼は即座にそれを承諾しました。彼女のアイデアは、「効率性と協調性という価値観を体現し、教育部門の発展に寄与する」というビジョンにぴったりだと見抜いたからです。

マークは、そのアイデアを実行に移すプロジェクトをエブリンに任せることにしました。そしてそのことを同僚に知らせ、質問や問題があれば直接彼女に相談するように伝えました。マークはみんなの前で、プロジェクトにおけるエブリンのパワーとオーソリティを認めたのです。

これだけでも十分だったかもしれませんが、マークはもう一歩踏み込んで、「必要なときは自分が彼女を支援する」と彼女に伝えました。これはエブリンのプロジェクトを支援すると同時に、彼女をグローバルソースだと認めていることを強調したかったからです。つまり、彼はエブリンがグローバルソースであるこのプロジェクトにおいて、自分はサブソースであると自ら示したのです。

エブリンのイニシアチブは、教育部門のグローバルソースのフィールド内（マークのフィールド）でプロジェクトが発展する例です。一方で、ピーター・カーニックが述べているように、グローバルソースのフィールドの外で、サブソースのイニシアチブが立ち上がろうとすることもあります。

たとえば、エブリンがファイルの効率的な分類方法を開発した経験に強く突き動かされ、その新しい方法をマークのフィールドの外にある他の部門に提案しようとする場合です。このときは明らかにエブリンがこのプロジェクトのグローバルソースであり、マークがそれに賛同するなら自分をサブソースとして位置づけることになるでしょう。たとえば同僚の部長にこの新しいサービスを紹介するなどして、サブソースとしての役割を果たそうとするのです。

また、もしエブリンのプロジェクトが全国に展開していくなら、それはマークのグローバルソースのフィールドを広げることも意味します。多くの企業では、このようにして事業が拡大していくのです。

このように、サブソースがグローバルソースになることもあれば、その逆の場合もあります。この「帽子の交換」によって、集団のメンバー間のコラボレーションがよりスムーズになるのです。誰もが、他の人のプロジェクトにサブソースとして参加する可能性があるということです。他の人をソースだと認めることは、自分のプロジェクトにエネルギーをもたらすだけでなく、周囲の活動にもエネルギーをもたらすでしょう。

そしてこのとき、グローバルソースとサブソースの役割の境界線が緩みます。この境界線はもっと厳格なものだと考えられがちですが、たとえ緩んだとしてもその区別は重要で不可欠なものです。2つがはっきりと区別されることは変わりありませんが、あるときはサブソース、また別のときはグローバルソースというように柔軟に変化することができるのです。役割を使い分ける柔軟さを身につければ、プロジェクト達成のための相乗効果をさらに高めることができます。

ここまで、グローバルソースがサブソースを認めることに焦点を当てて分析してきましたが、2人のサブソースがお互いをサブソースだと認める場合においても同じことが言えます。フィールドの一部を担当するサブソースであっても、フィールド内の特定のイニシアチブを担うグローバルソースであっても変わりません。

敬意、親近感、誠意は、相手のレスポンシビリティを認めることによって体現されます。このことが2人の関係に利益をもたらし、プロジェクトに良い影響を与えるでしょう。

第5章でも触れたようにピーター・カーニックは、2人が関係性を築いているとしたら、どちらかが必ずグローバルソースであると述べています。どちらかが最初にイニシアチブを取り、リスクを負っているはずです。

時間が経って、新しいイニシアチブが生まれると、グローバルソースとサブソースの役割が2人の間を行き来するようになるかもしれません。2人はそれぞれ、関係性の土壌から泉のように湧き出るプロジェクトのグローバルソースとサブソースだからです。自分のソースに加え、相手のソースを認識することで、誰が何に責任を持つかが明確になり、それによって穏やかに生活できるようになります。

少し前のことです。私の息子が「友人と次に会う約束をするとき、いつも自分から言い出している」と愚痴をこぼしていました。うんざりした息子は、しばらく連絡を取らずに様子を窺おうとしました。しかし私が助言すると、自分がその友人関係のグローバルソースであることに気づいたのです。次に会う約束、つまり「次のステップ」を示すのは、自分の役割なのだと認識したのです。

その友人は、息子にイニシアチブを委ねることで、彼をグローバルソースだと認識していることを暗黙のうちに示していました。これに気づくと、息子は友人関係における自分のレスポンシビリティと折り合いをつけられるようになったのです。

これまで見てきたように、同じプロジェクト、エンタープライズ、チーム、関係性に携わるソース同士のコラボレーションは、お互いを認めることによってより強固なものになります。しかし、コラボレーション自体が目的にはなりません。協働が不可能あるいは望ましくない場合もあるので、それを認めることも大切です。

従って、サブソースがプロジェクトのビジョンから外れたり、プロジェクトの価値観を軽んじたりした場合には、グローバルソースが介入する必要があります。守護者としての役割を果たさねばなりません。互いに相容れない状況が続くようであれば、そのサブソースへの委任を撤回し、プロジェクトから退くように言い渡します。一方でサブソースは、自分が参加しているプロジェクトの進化が、自分自身のビジョンや価値観の発展に影響を与えてくれないと確信した場合、その結論と向き合わなければなりません。プロジェクトを離れ、自分の願いともっと共鳴する別のプロジェクトに参加するか、自らプロジェクトを創造する必要があります。

どちらの場合でも現状を十分に見極めることで、プロジェクトはもちろん、プロジェクトを離れるサブソースも、前に進むためのエネルギーと勢いを取り戻すことができます。サブソースが正当な理由でプロジェクトから立ち去ることをお互いに理解しているとき、プロジェクトで一緒に成し遂げたことだけでなく、立ち去る人のソースの歩みが進むことを一緒に祝うことができるのです。

もう1つ重要なのは、プロジェクトの集団に対するソースの認識です。「参加型ダイナミクス」のソースであるマルティーヌ・マレンヌは、ソース原理に関して以下のように述べています。

「ソースは集団から与えられるギフトに敬意を払う義務がある。そうすることで、ソースはプロジェクトに参加する人々に、彼らの存在がいかに重要であるかを伝えられる」

言い換えれば、「私たち」を形づくる仲間なくしてはプロジェクトの今がないことを、ソースは忘れてはならないのです。

プロジェクトのビジョンや価値観を実現するために働くすべての人の貢献を認めるだけでなく、自分自身が案内人の役割を果たせるように彼らが支えてくれている、ということを認識しなければなりません。次のステップを明確にするために対話するという重要な過程を、ソースは集団からサポートしてもらっているのです。その支援とは、参加者1人ひとりによる貢献だけではなく、相互の共鳴によって生み出される集合知の場合もあります。集団は集合知を育む保育器《インキュベーター》です。その肥沃な大地があるからこそ、ソースは明晰さを見出すことができるのです。

しかし、ピーター・カーニックが警告するように「集合知をそれ自体で成り立つものであるかのように捉えてはならない」ことを心に留めておきましょう。むしろ、集合知とは、メンバー間の相互作用から生まれる動的な結果であり、絶えず新たに創造され続けなければなりません。各メンバーが自らのソースと向かい合って、それに基づいて行動するとき、集合知が湧き上がり相乗効果を生み出すのです。

集団からサポートしてもらうとき、私は「奪う」のではなく「受け取る」ことを意識します。なぜなら、グローバルソースであれサブソースであれ、まるで食べ放題のレストランにいるかのように、自分のエゴを満たすために集団を利用することは間違っているからです。そうではなく、ソースは他の人と協力しながら、プロジェクトに貢献していいます。ソースの「他者からのサポートを歓迎する姿勢」が、1人ひとりの貢献への意識を持続させるのです。

ここまで、集団の中で良い協力関係を築くためには、ソース間の相互の認識が不可欠であることが十分に伝わったかと思います。その効果は大きなものです。認めることで、プロジェクトや人々はより多くのエネルギーを得られ、集団内の協働が促進されて相乗効果が生まれます。人と人とのつながりを強化し、責任を持つべき範囲を明確にします。そして、ソースのフィールドを押し広げ、深めてくれるのです。

ソースを認識することは、プロジェクト、個人、集団の発展にとって非常に重要です。そのためオーディナータでは、パートナーとの「ソース進化インタビュー」(旧来の年次評価インタビューに代わるもの)で、以下のような問いを使った対話に多くの時間を割いています。

- 会社において、あなたは何のソースであるか?
- あなたは何のソースになりたいと願っているか?

- どうすれば自分のソースを育てることができるのか？
- どのように他の人のソースの発展を手助けできるだろうか？

このような問いかけを通じて得られる気づきや相互承認は、個々のモチベーションを高めるとともに、コラボレーションへの意欲を引き出します。もちろん、こうした気づきが私たちを勇気づけてくれることは言うまでもありません。

あなたのビジネスやプロジェクトにおいて、ソースの承認に関してどんな課題があるでしょうか。同僚やチームメンバーのソースをより明確にすることはできるでしょうか。カップルの関係性において、あなたのパートナーは何のソースですか。考えてみてください。

Part 3

ソースを受け渡す

Transmitting source

7 時が来たら、受け渡す

When the time is ripe, pass it on

旧約聖書の『コヘレトの言葉（伝道の書）』には、「何事にも時があり 天の下の出来事にはすべて定められた時がある」とあります。参加型ダイナミクスのグローバルソースであるマルティーヌ・マレンヌは、ソースパーソンには3つの段階があるとして、以下のように説明しました。

「ソースを受け取る時期がある。受け取ったソースを変容させる時期がある。そして、ソースを受け渡す時期が訪れる」

これまで、ソースパーソンが受け取ったものをどのように実行に移すかを探求してきました。ここからは、3つ目にして最後の段階「受け渡す」を扱います。その意味、プロセス、伝わり方の3つの側面から掘り下げていきましょう。

第7章では、ソースを「受け渡す」とはどのような意味を持つのかを探求します。そして第8章ではどのようにして「受け渡す」のか、最後に第9章では世界中の同志たちによるソース原理を広める挑戦を見ていきます。

ソースは水平方向にも垂直方向にも受け渡すことができます。水平方向の受け渡しとは、グローバルソースが自分のプロジェクトのフィールドの一部をサブソースに受け渡すことです（第4章）。あるいは、サブソースが自分のフィールドまたはその一部を別のサブソースに受け渡すことです。垂直方向の受け渡しは、もっと根本的な変化をもたらします。つまり、グローバルソースが自分のプロジェクト、イニシアチブ、不動産、人間関係を別の人物に受け渡すことを指します。

どちらの場合でも、ソースの受け渡しはある人から別の人へと行われます。ソースとは必ず個人のレスポンシビリティに基づくため、組織や集団に受け渡すことはできません。受け渡すことができるのは、その中の1人だけです。

この2つの「受け渡し」を掘り下げる前に、「受け渡し」という行為について立ち止まって考えてみましょう。これは、2人の人間の間で起こる、驚くほどダイナミックで創造的、そして意義深いプロセスです。いわば、ある瞬間にバトンを誰かに渡すこと。バトンを受け取った人は、そのバトンが持つパワー、オーソリティ、レスポンシビリティを受け取り、だからこそ挑戦が終わらずに続くのです。

スポーツの世界には、そんな意味深い「受け渡し」がたくさん見られます。哲学者のナタリー・サルトゥー＝ラジュ[*1]は、受け渡しが私たちの生活の中でどのように行われるかについて探求しました。ラグビーをこよなく愛する家庭で育った彼女は、毎週日曜日は家族と共に、ボールをどのようにパスすれば良いかを詳細に分析したといいます。動きが速く接触の多いこのスポーツでは、ボールを渡すことが試合の行方を左右します。効果的なパスを出すには、相手が受け取れる距離に来るまでボールをしっかりと保持しなければなりません。そして一瞬の判断で、パスを出すタイミングを計ります。一方、パスの受け手は「母の胎内から出たばかりの赤ん坊のように、先が読めない大切な宝物」である卵型のボールを抱きかかえるのです。

ナタリー・サルトゥー＝ラジュの本のタイトル（*Le geste de transmettre*）は、直訳すると「受け渡しの実現」です。ソースの受け渡しは、命を受け継ぐことにも似ています。出産と同じように、準備と即興、献身と手放し、意識と無意識が、受け渡す側と受け取る側の両方に絡み合っているのです。そのためソースの受け渡しとは、両者が十分な自由、信頼、そしてリスクを負う意志を持ったときに可能となります。

ソースの受け渡しに最も重要なのは、自由が完全に確保されていることです。グローバルソースは自分が望む人に自由にソースを渡せるべきであり、新しいソースパーソンはそれを受け入れるかを自由に決められる必要があります。また、グローバルソースには自分が望むときにいつでもソースを受け渡せる自由が必要です。たとえ後継者であっても、それを強制することはできません。

「いつでも、誰でも」という2つの自由が確保されたうえで、ソースの受け渡しが成立するためには、後継者がソースの3つの役割（起業家、案内人、守護者）を適切に行使し、ソースを体現してくれるという信頼がなければなりません。この信頼なくして、受け渡しはあり得ないのです。

逆に、ソースを受け取ることになる人は、グローバルソースとそのプロジェクトを信頼している必要があります。それだけでなく、自分にはソースのレスポンシビリティと向き合う能力があるという自身への信頼がなくてはなりません。それぞれが、少なくとも「受け渡し」という行為を共に成し遂げるのに必要な信頼を、相手と自分自身に持っていなければならないのです。

第5章で紹介したカップルの関係性と同様に、バトンを渡す過程で、一方が2人の関係の原理・起点となり、もう一方はそれを示す語彙・目的地となります。これは、2人を結びつける信頼関係がつくり出す、自由のもとに行われる行為です。

しかし、信頼はある種の信念であり、確固たるものではないことに注意しなければなりません。「信頼」は、本当にそれに値する人物であると確信できる前に相手に与えるものです。そのため、受け渡しという行為には、受け渡す側と受け取る側の双方にとってリスクが伴います。受け渡しが実際にうまくいくかどうか、事前にわかりようがないのです。

本書で触れてきたように、リスクを取ることはソースの起業家としての役割に不可欠な要素であることを考えれば、受け渡しにおいてもその必要があるのは驚くことではないでしょう。ではソースパーソンにとって、このリスクはどのような意味を持つのでしょうか。

受け渡す側にとっての主なリスクは、受け渡しが失敗し、そのプロセスをやり直さなければならなくなることです。これに加えて、自分の存在証明も含めてすべてを失ってしまうのではないかという恐怖が伴います。「グローバルソースではなくなったとき、私はどうなってしまうのだろう？」「私は他人にどのように見られ、自分のことをどう思うのだろう？」と考えてしまうのです。

実際、ナタリー・サルトゥー＝ラジュによれば、「受け渡しは、悲劇的な要素を含むものです。受け渡す側の自己犠牲と自己忘却を必要とする行為だからです。ナタリーは以下のように説明しています。

「受け渡しは、ある種の自己放棄を認めることによってなされる。その瞬間は、深い関係性をもたらすとともに、人生を変えるような経験である」

ソースを受け取る側にとっての主なリスクは、時間とエネルギーを浪費することです。また、受け渡しが実現しなかったときに、自らの評価を傷つけてしまうリスクもあります。恐れていた失敗が現実化したことで、それを自分がこの仕事に向いていない証明だと受け取ってしまいかねません。

受け渡しがうまくいったとしても、受け取る側がプロジェクト内部の恥ずべき秘密を見つけてしまうことがあります。つまり、プロジェクトの良いところだけでなく、悪いところも受け渡される可能性があるのです。この場合、古いものを手放して新しいものを生み出すと同時に、プロジェクトの本質を損なわずに進化させるという難しい課題に向き合うことになります。忠実さを保ちながら、自由であろうとすることに伴うリスクです。ナタリー・サルトゥー＝ラジュは以下のように説明しています。

受け渡しとは、矛盾を抱えた行為だ。「自分が選んだのではない伝統に寄り添い、自分のものにすることで、その縛りから自分を解放すること」を要求するからだ。自由がなければ、伝統は物事を破壊してしまう。伝統がなければ、自由はただ空回りするだけだ。

……後継者になるというのは、言われたことや与えられたものを額面通りに受け取ることではなく、それに疑問を投げかけ、受け継いだ遺産をつくり変えることだ。

ソースの受け渡しが水平方向と垂直方向に、それぞれどのように進展するのかを、より詳しく考えてみましょう。グローバルソースがフィールドの一部をサブソースに託すたびに、グローバルソースのフィールド上で、つまりフィールドにおいて水平方向の受け渡しが行われます。その部分は完全にサブソースに引き渡される必要がありますが、必ずしも永続的だとは限りません。グローバルソースはその部分をいつでも自分のフィールドに戻して、サブソースへの委任を取り消すことができます。厳密な意味での「受け渡し」というよりは、本質的にソースの「委任」なのです。これは、いわば私たちが仕事においても外注先（会計、IT、コンサルティング、調達、保守など）を変更することがあるように、プロジェクトのフィールドで一定のイニシアチブを伴う役割においても同様です。

同じように、グローバルソースがサブソースの権限を撤回して、新しいソースの権限を委任することも、組織構造の刷新および仕事とレスポンシビリティの再設計における重要な水平方向の受け渡しです。もちろん、どのような水平方向の再編成においても、グローバルソースは関係者を尊重して慎重に進めなければなりません。

もう1つのよくある水平方向の受け渡しは、グローバルソースから委任されたフィールドの一部を、サブソースが別のサブソースに受け渡すことです。このようなサブソース間での直接的な受け渡しは、グローバルソースの賛同のもとに行われることが前提となりますが、受け渡す側と受け取る側の両方のサブソースが条件（忠実さの中の自由、確証のない中での信頼、リスクを取る）を満たしているときに成立します。そうして初めて、サブソースのバトンを確実に受け継ぐことができるのです。

あるとき、オーディナータの社員が私のところに来ました。彼女は、自分の重要な活動の一部を他の人に譲りたいと考えていました。その理由は、彼女がもっと注力したい仕事に専念することで、会社にさらに貢献できると考えたからでした。オーディナータにおける、自分のフィールドを再編成したいと思っていたのです。そして、その仕事を彼女のサポートのもとで、代わりに担ってくれそうな人材をすでに見つけていました。この後の展開は言うまでもありません。グローバルソースである私は、責任あるソースとして彼女のイニシアチブを喜んで支持し、すぐに彼女をサポートしました。そしてオーディナータに1人の新たな仲間が加わったのです。

サブソースが去ったときに、グローバルソースが他の人への水平方向の受け渡しを望まないこともあります。その一時的な空白期間を利用して、フィールドの地形を再設計し、レスポンシビリティの再分配を検討することができるからです。グローバルソースは、去ったサブソースが残したフィールドの一部を引き取り、一時的に自らそのソースを担ってから他の人に託します。

たとえば、私の友人で高齢者向け介護施設を経営している人は、インフラの管理マネジャーが去った後、一時的にそのサブソースの役割を引き受けました。この期間にインフラに関するフィールドへの理解を深め、輪郭を定義し直したことで、その後にサブソースを速やかに他の人に託すことができたのです。

次は、垂直方向の受け渡しを見ていきましょう。これは「全か無か」の話になります。受け渡しが成功した場合、グローバルソースはソース全体を後継者に受け渡します。

プロジェクトのすべて、つまりサブソースに託されていた部分を含む全フィールドを受け渡すのです。プロジェクトの魂、DNA、成果、歴史、重要な問題、その細部に至るあらゆることです。グローバルソースは、現在のプロジェクトだけでなく、その未来も託すことになります。もし、前任のグローバルソースがその一部でも渡さなかったら、それは何も受け渡していないのと同じことになります。グローバルソースのフィールドはただ1つで、不可分なものだからです。

ソースの垂直方向の受け渡しとは、決して株式の譲渡の問題ではありません。事業承継の専門家マルティーヌ・デシャンは、以下のように説明しています。[*2]

「受け継ぐということは、法的・金銭的なことではなく、無形の創造的なエネルギーを受け渡すことである。知識、権力、株主の所有権を移転するために財政的・法的に最良の戦略計画を立てたとしても、会社の承継が完全に失敗することはあり得るのだ！」

私たちのクライアントの1人が、まさにこのような状況でした。中小企業を買収した大企業は、その創業者でグローバルソースであった人物に、買収企業の取締役としての地位を引き続き与えたのです。この創業者は、買収された企業のフィールドにおいてサブソースの役割を引き受けることなく、また自社を売却したにもかかわらず、グローバルソースとしての役割を放棄したという自覚もありませんでした。

その後、数年間は経済状況が良好であったため、誰も疑問に思いませんでした。しかし経営が悪化すると、驚くべき問題が明らかになりました。買収された企業のグローバルソースが、グループ全体のフィールドの外で独自のプロジェクトを展開し続け、グループ全体のソースではなく自分のビジョンや価値観を優先させていたのです。

このような状態がいつまでも続くわけがありません。もともとのグローバルソースがその役割を引き渡すことに同意しないのであれば、グループ全体の代表者は本人や買収した企業自体をも排除する必要に迫られることになります。結局のところ、書類上は別としても、買収した中小企業を実際にはグループのフィールドに取り込めておらず、その企業が何の役にも立っていなかったことを認めざるを得なくなるでしょう。

グローバルソースが受け渡されなかったという状況は、実はよくあることです。理由はさまざまです。上記のように厄介なのは、中小企業を売却するときにソース原理を理解していなかったために、創業者が本来は放棄すべきグローバルソースの役割にこっそりとしがみついてしまう場合です。あるいは、グローバルソースがその役割を引き継がず、自分が去るときにプロジェクトを終わらせる選択をすることもあります。自覚的に受け渡しをしないケースです。

また悲しいことに、グローバルソースの死や長期不在によって、その遺産を大切に受け渡そうという意志が中断されることもあります。そのときプロジェクトは、「ソースの孤児」になってしまいます。ピーター・カーニックは、グローバルソースがいなくなってしまった瞬間を、地面に落ちる松明になぞらえて説明しました。松明は地面に転がっているが、まだ煙が出ている。誰でもそれを拾って、再び火をつけることができる。そして誰かが拾ったその瞬間、その人はプロジェクトの新しいソースとなる——。オーディナータが依頼している会計士がそうでした。彼女の事務所の創業者が急死したあと、彼女はその松明を拾い上げ、前任者の仕事を引き継いだのです。

また、受け渡しを試みてもそうでなくても、グローバルソースが自分のプロジェクトへの関心を失ったために松明を落としてしまうこともあります。その松明を創業者とは異なる価値観を持つ人が拾ったとしたら、これは旧プロジェクトの資産をもとに新しいプロジェクトを立ち上げるに等しく、大きなカルチャーの変化を意味します。

最後に、適切な人材が見つからなかったために、ソースが受け渡されなかったケースもあります。私が設立した協会でも、グローバルソースの役割を受け渡せる人を数年前から探していますが、まだ見つかっていません。グローバルソースには忍耐が求められることが多いのです。そしてもちろん、自分がソースを受け渡すか、プロジェクトを終わらせると決めるまでは、プロジェクト全体に対するレスポンシビリティを負い続けることを忘れてはなりません。

グローバルソースがいなくなった上に、受け渡すべきソースがいない場合、プロジェクトはどうなるのでしょうか？　イニシアチブは、関係者のエネルギーによって比較的長いあいだ維持することができます。しかし、プロジェクトの衰退の道はどうしても避けることとができません。次第に、エネルギーの喪失、方向性の喪失、モチベーションの低下、活動の減少、意味の喪失、集団の崩壊、死際《しにぎわ》の苦しみといった症状が現れ、誰かが地面に崩れ落ちた松明を拾い上げない限り、最後にはプロジェクトも死んでしまうのです。

そうなってしまうと、プロジェクトはもはや、ソースパーソンの直感の恩恵を受けることができません。次のステップを明確にするレスポンシビリティを負う人がいなくなり、新たなイニシアチブを取らず、リスク回避ばかりするようになります。

さらに、ソースの受け渡しが不十分だった場合、参加型ダイナミクスが常に危険にさらされることになります。なぜそのガバナンスを採用したのかを説明できるグローバルソースがいないからです。

しかし、このようなことは読者のみなさんには起こらないだろうと思います。なぜなら、受け渡しがソースのレスポンシビリティであることを理解し、時が来たら受け渡すことを固く決意しているはずだからです。そうではありませんか？

問題になるとしたら、受け渡しをいつ開始するかでしょう。そのタイミングを嗅ぎ分けることができるのは、グローバルソースならではの直感です。後継者との対話や自分自身の内省が、迷いを払拭してくれるでしょう。それは、自分のプロジェクトのために決めなければならない次のステップ、そして最後のステップです。

自分にとってその時が来たとき、そして相手も同じように準備ができたと感じ、お互いの自由・信頼・リスクを取ることの条件がすべて満たされたとき、初めて受け渡しが完了するのです。次の章では、その方法について説明します。

＊1　ナタリー・サルトゥー＝ラジュは『受け渡しの実現』(Nathalie Sarthou-Lajus, *Le geste de transmettre*, Bayard, 2017) の中で、「受け渡し」の現象学を見事に描写している。第8章と第9章を含む、本書の至るところでこれを引用した。

＊2　マルティーヌ・デシャンの『事業承継プラン……それがあなたを殺すわけではない！』(Martine Deschamps, *Planifier sa retraite ou sa relève... ça ne fait pas mourir!*, Un monde différent, 2017)では、企業のソースを特定するという課題に丸ごと1章分を割いている。ソースの受け渡しの具体的な事例が紹介され、受け渡しのために十分に準備することの重要性が強調されている。デシャンはサブソースを「リソース」と表現している。

8 段階的にソースを受け渡していく

Transmitting source, step-by-step

第7章で見てきたように、ソースの受け渡しとは、ラグビーのパス回しや赤ん坊が生まれる瞬間のように、決定的で重要な出来事であり、準備と実践を伴うアートです。これまで、想像力をかきたてるナタリー・サルトゥー＝ラジュの著書も引用しながら、ソースを他の誰かに伝えるときが来たら、どのようにプロジェクトにおける「受け渡しの成立」が起こるのかを考察してきました。

「受け渡し」という芸術に真剣に取り組み、承継のはるか前から計画を立てる人たちがいます。あるクライアントも、退職予定日の5年も前から、グローバルソースの「受け渡し」に必要な準備をすべてスケジュールに入れ込んでいました。そして後継者を決めるには時期尚早ですが（「次のステップ」はまだ先のことですから）、最善な協力関係のもとで後継者が主導権を握れるよう、参加型ダイナミクスを集団のみんなで学ぶことを決めました。そのあいだ、彼自身は「受け渡し」のときに必要となる謙虚さと手放しの練習をすることで、少しずつ心の準備を進めたのです。

もうおわかりのように、ソースの受け渡しは、受け渡す側のソースパーソンがさまざまな迷いを払拭できるよう、十分に時間をかけて準備する必要があります。そのためには、プロジェクトの持続性を確保するための重要な道筋を、次のステップとして明確にしてから示すことです。グローバルソースは以下の3つの方法を用いて、次のステップの明確化を図ります(第2章参照)。

- 自分の直感に耳を傾ける
- 自分の洞察を振り返る
- 他者と対話する

私は、グローバルソースを受け渡す準備をしている人たちと定期的に対話する機会がありますが、その仕事にとてもやりがいを感じています。この対話が、その人の個人的な計画と、プロジェクトを結びつけるからです。壮大な受け渡しの過程に対峙できる謙虚さが磨かれ、情熱がレスポンシビリティを引き連れてくる。寛容さの中でバランスの取れた健全な自己利益の追求ができるような、心から向き合うべきプロセスなのです。

ですから、受け渡しに向けて備えることは重要です。しかし、もっと具体的に、どのようにして受け渡しは行われるのでしょうか？

実際のところ、受け渡す「方法」は、極めてフォーマルなものからカジュアルなものまで、幅広い選択肢が考えられます。どのような方法であっても、その瞬間は受け渡す側と受け取る側の両者にとって一生の記憶として残るでしょう。そしてそれは、その場に居合わせた幸運な人たちにとっても同じなのです！

ある介護施設では、施設長から後任者へ、喜ばしい雰囲気とともにフォーマルなやり方で受け渡しが行われました。２人の周りには同僚や施設の利用者が集まり、みんながその場に居合わせたことに深く感動しました。１日がかりのイベントの最後に２人がそれぞれ挨拶した後、施設長から後任者へ、受け渡しを象徴するような「モノ」が手渡されました。その瞬間、グローバルソースが受け渡されたことが、誰の目にも明らかになったのです。

フォーマルな受け渡しの利点は、前任者と後任者をはっきりと示せることです。誰が責任者になったのかが明確になります。フォーマルな受け渡しであれば、ソースが変わったことが関係者に即座に、そして明確に伝わるのです。前任のグローバルソースが関係者の前で新しいソースを認めることで、すべての人に明確に認識してもらうことができます。さらに、関係者に記憶されることで、その場にいた人だけでなく将来のメンバーも、最初のソースが生み出したエネルギーを求めて源泉に立ち戻ることができるようになるのです。

だからといって、フォーマルなやり方がいつも適しているとは限りません。カジュアルなやり方が効果的なこともあります。たとえば、オフィスで一対一の会話をしているとき、あるいは仕事帰りの車中で受け渡しが行われることもあります。私は一度、住まいに関するソースの受け渡しを電話でやりました。カジュアルな受け渡しの唯一の条件は、受け渡す側と受け取る側の双方が同意し、それを互いに表明することです。

ここで述べたことは、水平方向と垂直方向のどちらの受け渡しにも当てはまりますが、それぞれ強度が異なります。フィールドの一部をサブソースに水平方向に受け渡すことは、通常はカジュアルに行われます。しかし、ある程度フォーマルなやり方が適している場合も当然あります。

あるIT企業のチームリーダーは、自分の役割に悩んでいました。そして、サブソースの役割が彼女自身に受け渡されたことを、前任のグローバルソースがチームメンバーに明確に知らせていないことに気づきました。不運なチームリーダーがようやく前任のグローバルソースに伝えたとき、彼はびっくりしていました。自分の曖昧な伝え方で、十分にソースを受け渡したと思い込んでいたのです。「あれはいつだったっけ?」と聞き返す様子から、グローバルソースは明らかに受け渡しがあったことを忘れているようでした。むしろ、受け渡しが実際になされたとは言い難い状況です。これは、受け取る側が同意する機会を得なかったために、受け渡しが失敗した例です。そのため、ソースでない人物が中心になったことでチームは混乱し、まとまりを欠いていたのです。もう少しフォーマルなやり方をすれば、みんなが両者の立場を明確に認識できたかもしれません。

どのような形であれ、その重要な瞬間は「時間と空間、過去と未来、内と外との狭間」[*1]であり、受け渡す側と受け取る側は一緒に、「敷居」の上に立っていることに気づくでしょう。そこにたどり着くには、双方に自由があり、相互の信頼関係がなければなりません。リスクが取られようとしていて、次の瞬間に起こることに誰もが従う覚悟を決めています。それは、将来起こるかもしれないことのために、白紙の小切手を書くようなことなのです。

敷居では、ソースが受け渡されるための準備がすべて整っています。受け渡す側が最後の「次の一歩」を踏み出すまで、時間はじっと止まっているかのようです。そして、受け取る側が自分の新しい役割に向かって「最初の一歩」を踏み出した瞬間が、ソースを受け入れたときです。

あるクライアントは、カジュアルなやり方でグローバルソースを受け取ったときのことを話してくれました。数年前のある金曜日の夜、ほとんどの同僚が週末の夜に出かけた後も、彼は会社で遅くまで働いていました。すると突然、創業社長であるグローバルソースが玄関に現れました。文字通りの敷居の位置に立っていたのです。そして、すでに定年を過ぎていた彼が、「あなたが引き継ぐべき時が来たと思う」とだけ言いました。そしてそのまま、ソースの受け渡しは終了したのです。

ところで、後継者はどのように選べばいいのでしょうか。多くのソースパーソンがこの問題に頭を悩ませています。「自分がいなくなった後も、自分のプロジェクト、活動、ビジネスを存続させたいのであれば、後継者が必要だ」と理解した瞬間、大きな問題となって立ちはだかるのです。誰かを見つけなければならない。その人は、特にどんな資質を備えている必要があるのだろう？

一般的に多いのは、候補者のスキルを重視することです。しかし、ピーター・カーニックは、「スキルや能力は、グローバルソースを選択する際の決定要因ではない」と反論しています。ある程度の能力があることは、間違いなくプラスになります。しかし、それは必要不可欠なものではありません。ケーキにかかっている砂糖の粉のように、あれば嬉しい程度のものです。

ここでも重要なのは、信頼関係です。ナタリー・サルトゥー＝ラジュは以下のように説明しています。

受け渡しには信頼関係が必要で、その関係性が受け渡しの意味や価値を決定する。そのとき、私たちの能力や力量は関係ない。この信頼関係の質が、生き生きとした受け渡しになるか、不健全なものになるかを分けるのだ。[*2]

では、信頼は何によってもたらされるのでしょうか。それは、プロジェクトの核であるＤＮＡ、つまりプロジェクトのビジョンや価値観を尊重し、大切にし、守ってくれるという確信を、現在のグローバルソースが未来のソースに対して持てることです。グローバルソースがプロジェクトに託したビジョンや価値観を共有できない場合、あるいはそれらをプロジェクトの中に感じられなかった場合、その人がどんなに素晴らしいスキルを持っていたとしても新しいグローバルソースにはなれません。

逆に、将来のソース候補がプロジェクトのフィールドに関連したスキルをあまり持っていなくても、プロジェクトの価値観やビジョンに共感し、個人的な価値観と一致していれば、優れたグローバルソースになりえます。

私もそのような体験をしたことがあります。私は教職の免許を持っていなかったのですが、小学校を開校し、10年近く校長を務めました。もし、まずは資格を取るべきだと思っていたら、そんな勇気を持てなかったでしょう。忘れてはならないのは「不可能だと知らなかったから、ソースパーソンはやったんだ！」ということです。

プロジェクトを進めるうえで、スキルが重要なのは言うまでもありません。だからこそ、グローバルソースは専門家をプロジェクトの現場に招き、サブソースの役割を担ってもらうのです。グローバルソースがすべてのスキルを持つ必要はないですし、そもそも不可能です。ただし、グローバルソースの承継者は、どんな困難があってもプロジェクトの価値観を守り、ビジョンを推進する能力を持っていなければなりません。

グローバルソースを承継するとき、実際には何を受け渡しているのでしょうか？

1つは第7章で見たように、プロジェクト全体を他の人に受け渡しています。プロジェクトの内容（領域、成果、リソース、過去と現在）や、そのフレームワーク（価値とビジョンで表現されるDNA）です。また、より細やかな部分の受け渡しもあります。人を惹きつける力、つまりグローバルソースがプロジェクトに対する情熱をどう伝えるかのコツです。

受け渡すものの中には、不変な部分もあります。新しいグローバルソースは、前任者からそのまま受け取り、自分の後継者にそのまま受け渡します。これはソースパーソンの守護者としての役割であり、オーソリティにおける「保全する機能」を行使します（第4章を参照）。これ以外の部分では、時代の流れや状況の変化にプロジェクトが適応できるように、受け取ったものの一部を変化させていく必要があります。このとき、ソースパーソンはオーソリティにおける「差別化する機能」を行使して、案内人としての役割を発揮しています。

受け渡されるものの中で本質的かつ永続的な要素は、プロジェクトのフィールドです。

永続的と言っても、それは固定的あるいは不動なものという意味ではなく、むしろ常に拡大・縮小して動き続けています。グローバルソースは、プロジェクトに何が必要かを絶えず判断して、フィールドへの意識を広げたり狭めたりしているからです。そして、プロジェクトが存在する限り、どんなに小さくてもプロジェクトにはフィールドがあります。

フレームワークにおいて唯一の不変な要素とは、プロジェクトの価値観です。新しいソースは守護者の役割でもって、この価値観を受け渡しのときのまま維持することが求められます。プロジェクトの価値観は、その意味を深く理解するにつれて進化するかもしれませんが、価値観そのものが変化することはありません。

しかし、フレームワークのもう1つの要素であるビジョンは、基本的にダイナミックです。新しいグローバルソースは、プロジェクトに影響を及ぼす、外部または内部からのさまざまな変化に対応するパワーを持ちます。ビジョンを達成するために、新しいソースパーソンは特に案内人（次のステップを定義する）と起業家（イニシアチブとリスクを取る）の役割を発揮しなければなりません。

最後に受け渡されるのが、プロジェクトに他の人々を巻き込む力です。すべてのソースパーソンにとって、この力はプロジェクトに対する情熱から生まれます。ソースパーソンであれば誰もが、自分の中に情熱を生み出し、自らのエネルギーの貯蔵庫を持ち、それぞれのやり方でプロジェクトに情熱を注ぎます。エネルギーの注ぎ方の強弱や柔軟性は、その人によって異なるでしょう。

前任者が気づかぬうちに後継者に受け渡している「人を集める力」は、ソースの熱意とモチベーションで人々を奮い立たせる火花のようなものです。グローバルソースもサブソースも、ソースの病理を患うことなく健康であれば、プロジェクトを追求するためのパワーを生み出す内なる炎を持てているでしょう。そして、この情熱の炎が揺らぐことがあっても、自らの「ソースのチャネル」とつながることで、いつでもその火花を復活させることができるのです。

受け渡しが失敗したら、どうなるのでしょうか？

ここで言葉に惑わされないようにしてください。グローバルソースやサブソースの受け渡しが「失敗」する、つまり受け取る側がソースのレスポンシビリティを負わないことは起こり得る事態ですし、むしろかなり頻繁に起こります。しかし、ソースの受け渡しは、実際には「失敗」することなどありません。失敗したように見えても、単にそれは受け渡しがなされなかったということにすぎません。

これは、あらゆるプロジェクトの核心に潜在する驚くべき安全機能です。ソースパーソンが誰かにソースを受け渡そうとしたとき、候補者が口で同意したものの（何らかの理由で）実際には引き受けなかった場合、受け渡しはなされません。プロジェクトのソースは、受け渡そうとした側の手元に残ります。あらゆるプロジェクト、イニシアチブ、ビジネス、そして人間関係には必ずソースパーソンがいるのです。受け渡しの準備が再び整うまでは、たとえ肩書きを失っていようと、前のソースがその役割を担っていることになります。

受け渡しがうまくいかなかった場合は、どちらか一方だけでなく、両方に原因がある可能性もあります。

たとえば、受け取る側が口では同意しても、心からの同意はできていなかったかもしれません。あるいは、ソースの役割を十分に「引き受ける」前に、プロジェクトを早々と離れざるをえなかった可能性もあります。

また、受け渡す側については、プロジェクトのソースから自分を切り離すことができず、「自分の」プロジェクトだと固執していたかもしれません。それにもかかわらず、受け渡しができたと思い込んでいたかもしれないのです。

ある慈善団体の創設者だった年配の男性は、ライフワークである仕事にすべてを捧げた人でした。彼は何度もソースを受け渡そうと試みましたが、すべて頓挫してしまいました。彼だけでなく、候補者もみんなソースが受け渡しに同意しなかったという苦しみを味わいました。

最終的にとある人物と出会い、彼は信頼できると感じて、的確なタイミングで受け渡しに関する交渉に入ることができました。私は、総会でそのソース受け渡しの儀式に立ち会い、やっと創始者が手放す強さを得られたのだと喜んだものです。

数年後、私は新しいソースから、この受け渡しの後に創業者がいくつかの権限を譲ることを取り消そうとしたと聞きました。しかし、その試みは失敗に終わりました。一旦

ソースを受け渡したら、後継者がプロジェクト全体を返すと自ら決めない限り、それを取り戻すことはできないのです。

ここまで、ソースパーソン自身が後継者を選ぶ法的な権限を持つ場合の受け渡しについて見てきました。しかし、今日の多くの公的機関や民間団体がそうであるように、グローバルソースが後任を決めるプロセスから排除されている場合はどうなるのでしょうか？

このような組織では、「変化」を促すためという名目で、ソースパーソンに後継者を選ばせないこともあるようです。サブソースを入れ替えるだけなら問題にはなりません。サブソースが担っていた任務は、自然とグローバルソースのフィールドに取り込まれるため、サブソースが受け渡しに参加する必要はありません（ただし前述したように、グローバルソースの同意があればサブソースが自ら受け渡す場合もあります）。

しかし、グローバルソースにおいては、少なくとも選ばれた後継者に納得できなければ、勝手に取って代わられることはありません。忘れてはならないのは、「グローバルソース」を乗っ取ることはできず、受け取ることだけが可能だということです。

グローバルソースが任命プロセスから排除されてしまう問題は、取締役会の大きな誤解から生じています。グローバルソースが担っている、ソースパーソンとしての役割と、経営責任者としての任務を、混同してしまっているのです。

通常、退任するグローバルソースが排除されるのは、ソース（最終責任者）としての役割のためというよりも、経営幹部としての役割（交代しなければならないので、任命プロセスに参加してもらう必要がない）のためです。一般に「意思決定者」（たとえば執行役員や財団の理事会メンバー）は、経営幹部の役割（自分たちに指名権がある）とソースの役割（グローバルソースのみが受け渡しを決められる）の違いを完全に見過ごしてしまっているのです。そのため、彼らはある役員がグローバルソースでもあることを理解せずに、善意で後任を決めてしまうかもしれません。その結果、新しい役員は職務を引き継いだもののの、グローバルソースは受け取っていないという困難な状況に陥ります。

このような状況は、「不可能な使命」を負わされた役員だけでなく、組織にとっても不幸です。グローバルソースの直感や次のステップへの洞察に頼ることができなくなり、組織の未来が奪われ、いずれは消滅してしまうでしょう。

実のところ、この難題を解決する方法はあります。ただ、それはグローバルソースが任命プロセスから外されても、ソースの受け渡しの条件（忠実さの中の自由、確証のない中での信頼、リスクを取る）をうまく活用できるかにかかっています。

私は、ある定年間近の経営幹部の伴走をしたことがあります。彼の事業はかなり大きいものでしたが、さらに大きな事業体に属していました。その事業体から多少なりとも独立したビジネスを運営していたのですが、ルール上、自分で後継者を選ぶことはできなかったのです。ソースという考え方は、取締役会では無視されていました。

私と彼はその状況について慎重に話し合い、たとえ後継者を選ぶプロセスから排除されたとしても、信頼できる人であればグローバルソースは受け渡せるという結論に至りました。信頼関係とは、お互いを知ることで初めて生まれ、育まれるものです。後任者は社外の候補者だったため、一緒に仕事をする期間を持つことが必須でした。そこで、退職の3か月前に後任者を採用し、2人で協力して引き継ぎを行うことを取締役会に提案したのです（リスクを取る）。

四半期末になると、グローバルソースは安心して後任者にソースを受け渡すことを決めました（選択の自由）。取締役会は、彼がソースをきちんと引き継ぐために工夫したことをまったく認識していませんでした。新任のグローバルソースがこれを知ったら、会社や後任者である自身の成功のために、前任者が受け渡しの障害を巧みに回避してくれたことに深く感謝するでしょう。

この先を読み進める前に、次のことを考えてみてください。

- 自分の組織に、経営陣の任命プロセスは存在するだろうか？
- その任命プロセスにおいて、ソースパーソンの役割が十分に考慮されているだろうか？

先ほどの事例で、もし後任者を信頼できず、ソースを受け渡さないことを選択したとしたら、グローバルソースはどうなるのでしょうか。その場合、前任のマネジャーがグローバルソースであることに変わりはありませんが、退社後はそのビジネスの一員ではなくなります。このままでは、ソースとしてのレスポンシビリティを果たすのが非常に難しくなります。

このような状況において、会社が今どのような課題を抱えているのかを外部から認識できるでしょうか？　会社の運営を判断するための重要な機密情報にアクセスできるでしょうか？　また、ソースの視点で次のステップについて考察できても、それをどうやって社員に伝えればよいでしょうか？　プロジェクトのフレームワーク（ビジョンや価値観）が尊重され、彼らの意識や選択の原動力に結びつくようにするにはどうしたらいいのでしょうか？　プロジェクトのフィールドを守りながら、サブソースに任せた領域に対してグローバルソースのレスポンシビリティを果たすには、どのように振る舞うべきでしょうか？

グローバルソースが物理的にプロジェクトの外部にいる場合、本人の意向と関係なく、ソースパーソンとしてプロジェクトの中核と密接に結びついたまま、プロジェクトのすべてのレスポンシビリティを負い続ける可能性があります。これは、ソースがやるべき仕事をおろそかにする「怠け者病」にかかるリスクをもたらします（第3章を参照）。

あるいは、プロジェクトの参加者にソースだと認めてもらえず、「ソースを否定する病」というより「ソースを否定される病」に悩まされるかもしれません。グローバルソースが誰なのかわからなくなってしまった組織は、グローバルソースが存在するにもかかわらず、次の行方を見失い、どこにもたどり着けなくなってしまいます。積極的に関与するグローバルソースがいなければ、組織は衰退し、最後には消滅してしまうでしょう。

明らかに、グローバルソースがプロジェクトの外部にいるのは理想的ではありません。このような状況では、プロジェクト内に信頼できる中継手段がある場合にのみ、グローバルソースは機能します。ピーター・カーニックは、このグローバルソースとプロジェクトの橋渡し役を担ってくれる人を「ソースの代理人」と呼んでいます。

このような関係性は、ソースや代理人が意図的につくり上げるというよりは、自然に生まれるものです。今のプロジェクトのためには、以前からの良好な同僚としての関係を維持し、つながっていることが大切だと彼らは感じているに過ぎません。もちろん、ソースの代理人の仕事は簡単なものではありませんし、そうした中継手段を通してプロジェクトのソースを維持するのは理想的とは言えません。しかし、少なくともソースがプロジェクト内に不在でも、プロジェクトを存続させることができるのです。

まれに、グローバルソースがすぐに問題に気づくことがありますが（ソース原理を熟知していれば不思議ではありません）、その場合は適切な代理人を自ら探すことができるでしょう。

代理人は、情報にアクセスできる権限を持つ立場にあるだけでなく、プロジェクトの進行に対して十分な影響力を持ち、グローバルソースに常にプロジェクトの状況を伝え、そして何よりもグローバルソースが示した次のステップを社内にうまく説明できなければなりません。つまり、代理人はスポークスパーソンとして、グローバルソースがプロジェクトを存続させるのを手助けするのです。

しかし、ピーター・カーニックによれば、プロジェクトが属する組織自体からグローバルソースが離れると(追放されたときはとりわけ)、多くの場合は自分はもう蚊帳の外なのだと思い込み、自らの近しい人をソースの代理人にするなど思いつくこともないそうです。この場合残された選択肢は、プロジェクト内でイニシアチブが困難な状況に陥っている兆しを察知した人物が、ソースの代理人になると志願することです。率先してグローバルソースに連絡を取り、プロジェクトの次のステップを尋ねるのです。そうすれば、プロジェクトの関係者に伝えるべき重要な情報が共有され、プロジェクトを軌道に戻すことができるでしょう。

最後に、カップルの関係性の中でのソースの受け渡しについて少し考えてみましょう。第5章では、さまざまなソースの関係性(時にグローバルソース、時にサブソースになる)が、お互いのギブ&テイクの中でどのように発展していくかを観察しました。どちらかがイニシアチブを取り、最初のリスクを負うことによって、その人はグローバルソースとなります。もう一方は、誘いを受け入れることでカップルの関係性を成り立たせ、サブソースとなります。しかし、関係性を発展させるレスポンシビリティがグローバルソースの重荷になることもあります。

ソース原理の研修に参加したある男性は重い病気にかかり、治療のためにすべてのエネルギーを捧げたことがありました。パートナーとの関係性においてグローバルソースだった彼は、ソース原理の用語を知りませんでしたが、自分たちの状況について深い対話の場を設けたそうです。2人は一緒に、これからは彼ではなく、彼女のほうが関係性を発展させていくレスポンシビリティを負うと決めました。つまり、グローバルソースとサブソースの役割を入れ替え、体調の悪い彼をサブソースにしたのです。彼が回復した後も、役割はそのままになりました。この受け渡しは、2人にとって非常にうまくいったのです。

もちろん、ソースの受け渡しは、ソースのレスポンシビリティとともにグローバルソースを交換することだけに限りません。時間をかけて定着してきた、他のあらゆるソースの役割についても交換することができます。ソースのレスポンシビリティがどのように受け渡されるのか、どのようにソースの役割を分担すれば良いのかをより深く理解すれば、離婚するカップルは減るのかもしれません。

＊1　Nathalie Sarthou-Lajus, *Le geste de transmettre*, 26
＊2　同上、19

9 損得よりも自分の感覚を信じる

Cast your bread upon the waters

最後に、もう1つの受け渡しについて説明しましょう。ソースそのものではなく、ソース原理を伝えることについてです。

みなさんは本書を読んで、ソースという考え方の中にある豊かさを垣間見たのではないでしょうか。自分の仕事やプロジェクトや人生におけるレスポンシビリティを理解するのに、ソース原理は非常に有意義だと感じられたと思います。今、自分自身のソースとのつながりをより強く感じ、あなたにとってもソース原理が重要な意味を持つものだと感じられるとしたら、その経験を一緒に生活する人や働いている人たちとぜひ分かち合ってください。

プラトンの格言に「良いものは自ら広まる（Bonum diffusivum sui）」というのがあります。[*1] ソース原理を意識し、それを活用することには大きな意義があり、自然とソース原理を広めたくなる――。それこそが、私がこの本を書いた理由です。そして、ここまで読んでくれたみなさんも、きっと同じ気持ちではないでしょうか。ソース原理に関して、私たちが満たされているとき、それは湧き上がり、あふれ出すのです。

ですから、物事を前進させるのに役立つかもしれない場面に出合ったら、ぜひソース原理を共有してみてください。ビジネス、組織、プロジェクト、人間関係において、誰が何にレスポンシビリティを持っているのかを明確にし、1人ひとりが自分に最適な立場を見つけるのに役立つでしょう。ソースの病理にかかってしまうことが、どのようにして私たちの障害となっているかを理解し、それを克服するためのヒントも与えてくれるでしょう。

またソース原理を通じて、プロジェクトの未来のためにもっと創造的になり、より多くの貢献ができるようになるでしょう。集団の中で1人ひとりの役割への理解が深まり、それに基づいて協働が促されます。そして未来のソースパーソンに勇気を与え、直感を現実のものとするために必要なイニシアチブとリスクを取る力を与えてくれるはずです。

誰もが、自然にあふれ出るような善意を与えてくれる人に出会ったことがあると思います。ソース原理を伝えるというのはそれと似ています。これはソース原理を教化しようという意図では決してありません。ナタリー・サルトゥー＝ラジュが説明するように、教化とは「強制によって他者を自分と同じにする」ことです。しかしソース原理では、受け渡しは常に選択の自由を前提とします。つまり「選択する能力と個人の自由があること」が成功の条件なのです。[*2] ソース原理そのものが、この基本的な自由を基盤としています。これは、私たちがイニシアチブを始めてリスクを取り、一歩ずつ前進し、そしてソースを確実に受け渡す中で実践されていることです。

ソース原理が広まりやすいとすれば、それは私たちの人生経験と深く共鳴しているからです。ソース原理は、私たちが議論するための共通言語を与えてくれ、概念的なフレームワークと具体的な経験、あるいは理論と実践の間を行き来できるような対話を引き起こします。「今何が起こっているのか」を理解するのにソース原理が役立つと感じたとき、ソースについて自分自身や相手と話してみること。それこそがソース原理を広める最良のやり方ではないでしょうか？　そして、ソース原理を体系立てて、私たちみんなに共有してくれたピーター・カーニックにも感謝を！

ソース原理を広めるかどうかは個人のレスポンシビリティ次第ですが、これからの集団のあり方という観点で考えることもできます。今後、集団のマネジメントのロールモデルが、ますます「ソース原理との互換性」を持つようになるでしょう。

最近では、新しい参加型のマネジメントおよびガバナンスモデルを取り入れる企業や組織が増えています。特に注目されているのが、フリーダム・インク、ティール組織、

ソシオクラシー、ホラクラシー、参加型ダイナミクス*訳注などの考え方です。これらのモデルが成功するためには、ヒエラルキーの重厚さを誰もが納得する方法で軽減することと、ソースパーソンのレスポンシビリティを尊重することを両立させる必要があり、そのためにはソース原理の活用が必須だと私は考えています。オーディナータが提供する参加型ダイナミクスでも、この2つの両立を重視しています。ソース原理を取り入れることで、このメソッドはより深みや一貫性、影響力を持つようになりました。

今後10年間で、他のモデルも必ずやこれに続くでしょう。フレデリック・ラルーは、ティール組織の動画シリーズでソース原理の一部を紹介しています。ソース原理が体系化されて広がりつつある今、協働のための方法論はソース原理を無視できなくなるでしょう。これが、ソース原理がさらに広まっていくもう1つの理由です。

ピーターは2000年代から、ソースの概念を広め始めました。多くの人々がこれに共感して情報を提供したことで、ソース原理の語彙や文法はさらに豊かなものになりました。

そして、ソース原理の進化は今も続いています。私たち1人ひとりがその進化に参加するよう招かれているのです。ソース原理に対する理解を深め、どのように機能するかを体験すればするほど、私たちはソース原理の普及に貢献することができます。何かを広めたければ、それを自ら実践してみせるのが一番の方法だということを忘れないでください！

1人ひとりが自分のイニシアチブ、活動、人間関係において、真のソースになれるように助け合える世界が訪れることを、心から願っています。

＊1　「良いものは自ら広がる（Bonum diffusivum sui)」（Timaeus,29d-30a）

この原則は、プラトン（紀元前5世紀）からトマス・アクィナス（紀元13世紀）に至るまで、西洋哲学史に繰り返し登場する。「善は自ら伝える」とも訳すことがある。この善の拡散する力に、私はいつも魅了されてきた。与えれば与えるほど、善はより多く存在するようになる。これはまさに、止めどなく湧き出るソースと同じではないだろうか。

＊2　Nathalie Sarthou-Lajus, *Le geste de transmettre*, 99

＊訳注　フリーダム・インク、ティール組織、ソシオクラシー、ホラクラシー

それぞれ、既存の機械論的な組織マネジメントではなく、生命体的あるいは進化型のパラダイムのもと、自律分散型の組織運営を志向するモデル。『フリーダム・インク』『ティール組織』『[新訳]HOLACRACY（ホラクラシー）』（以上、邦訳は英治出版）や、『ソシオクラシー3・0』(Jef Cumps, *Sociocracy 3.0*, Lannoo Publishers）などを参照。

エピローグ

愛の原則

この赤い本が誘《いざな》ってくれた冒険を終える前に、広大な海へ出てみましょう。これまで、私たちはさまざまな川の流れを経験してきました。ソースを迎え入れ、それを他者と共有し、受け渡してきました。この流れは、まさに人生の往来を表しているのです。

自分のソースを生きるというのは、刺激的な体験です。個人として達成感を得ることと、他者に与えること。むしろ、与えることによって自分が充足感を得られるのだと言えるかもしれません。


自分の直感に耳を傾け、イニシアチブを始め、リスクを取る。

自分のあるアイデアを核にして協力者を集める。

次のステップを明確にするために、常に探求する。

これらのことを通して、ソースパーソンは自らの深い動機に応えます。内なる呼びかけ（コール）、つまりソースの呼びかけに応えているのです。

これが、私たちの行動と存在そのものに意味を与えてくれます。ソースであることは、まさに自分自身を大切にし、喜びを見つけ、豊かで充実した人生を送る方法なのです。同時に、自分のイニシアチブを実現するための努力を惜しまず、プロジェクトだけでなく協力してくれる人や集団にも気を配って初めて、ソースパーソンは充足感を得ることができます。ここで言う「与える」とは、単なる文字通りの意味だけではありません。内なる呼びかけに具体的に応え、行動を一致させることなのです。そして、あふれ出る泉のように、満たされたものを分かち合うことによって、自分自身を実現することです。つまり、与えることで初めて、ソースパーソンは真のソースになり得るのです。

与えるとは、愛することなのです！

ささやかなアイデアであれ、壮大なプロジェクトであれ、真のソースになることで、達成と与えること、豊かさと手放すことのダイナミズムを体験します。これは力強い愛のあり方です。

だからこそ、私はソースパーソンとして、自分のプロジェクトを愛しているのです。そこにいる人たちを愛し、ソースとしての役割を果たすことで得られる意義と達成感を味わいながら、自分自身を愛しています。つまり、ソース原理とは愛の原理なのです。

ある哲学者が言ったように、「愛は善いと思うものを追い求める」[*1]のです。言い換えれば、私が何かを、あるいは誰かを愛するとき、それは自分にとって良いことだと思っているのです。ソースパーソンにとって良いこととは何でしょうか。それは、自分のイニシアチブが発展すること、プロジェクトが成功すること、会社が成長すること、人間関係が豊かになることです。これらがあなたを満たしてくれます。

つまるところ、ソースパーソンにとっての「良いこと」とは、ビジョンが実現し、行動に価値観が反映されていることです。愛を贈ることを通して、ソースパーソンはあらゆることを実現させるのです。それは、プロジェクトに対するソースパーソンの情熱を見事に表現しています。

しかし、愛は難しいものです。ソースパーソンは、強大なエゴに誘惑されて、いとも容易く偽りのソースや暴君になってしまいます。あるいは、注意を怠れば、あっという間にソース否定病や怠け者病にかかってしまうでしょう。これらの病理は、ソースパーソンとプロジェクトの間だけでなく、ソースパーソンと集団の間にも支配と服従の関係を生み出します。とりわけカップルのような関係の場合、痛々しいほど主従関係が如実に表れてきます。

このような病理にかかると、ソースパーソンが他者を手段として利用するようになります。奪うばかりで、それを歓迎しようとしない。これは明らかに愛の論理ではありません。

もちろん、他者に貢献することも、他者は役に立つと考えるのも素晴らしいことです。

しかし、相手が1人の人間であることを忘れてはなりません。相手を道具のように扱い、目的のための手段にしてしまったら、本当に愛することはできません。倫理学者のカロル・ヴォイティワが「愛とは使うことの反対である」と主張したように。[*2]

ここで、ソースパーソンの役割の基本的な条件について触れましょう。それは、自分自身の「偽りのソース」らしい振る舞いに注意し、なくす努力をすること。特に「与え損ねること」に気をつけること。そうすればソースパーソンは少しずつ、愛の側に近づいていくでしょう。

ソース原理を認識し、それを実践することで、私たちはあらゆる景色を見ることができます。誰もが従う義務があるわけではありませんが、すでに見てきたように、ソース原理を意識的に実践することは、スピリチュアルな心の深いところに触れる体験になりえます。

ソースパーソンは最終的に、以下のような問いと向き合うことになるでしょう。

- ソースとしての私の役割を生み出すアイデア、直感、ひらめきはどこから来るのだろう？
- 私のイニシアチブを実現するためのエネルギーは、どこから来るのだろう？
- 私の「ソースチャネル」の向こう側には何があるのだろう？

自らのソースそのものに源《ソース》があると直感することは、哲学者のリタ・バセ[*3]が言うように、それが「源の探求」の出発点であり、思いがけない地平線を発見する可能性を秘めています。それは、誰もが参加を歓迎されているスピリチュアルな旅です。あなたのモチベーションとやり方に応じて、自分のタイミングで参加してください。

ピーター・カーニックにあとがきを託す前に、この小さな本がなぜ赤いのかを説明しましょう。もしかしたら、本のタイトルから毛沢東の『毛沢東語録』やユングの『赤の書』を連想されるかもしれません。[*4] 本書は、明らかに政治的なマニフェストでもなければ、心理学の解説書でもありません。しかし、ここには革命的な何かが隠されていると感じたのではないでしょうか。

もし、あらゆる人が意識的に、ソース原理を人生の中で実践するようになったら、世界の姿はがらりと変わるでしょう。

ソースに関する本としては、水の色である青がふさわしいのかもしれません。しかし、赤は願望の色、エネルギーの色、与えることの色、愛の色です。赤とソースの深い結びつきはそれだけではありません。赤は私たちに行動するよう促し、また立ち止まらせます。血と聖なるもの、情熱と生命を象徴します。それは命の色なのです。ソース原理が愛の原理であることを示すのに、これ以上ふさわしい方法があるでしょうか？

勇気あるソースパーソンが立ち上がり、新しいイニシアチブを取り、そして愛することができれば、どんなことでも可能になるでしょう！

あなたの中からソースがあふれて流れ出し、あなたのプロジェクト・財産・関係性・夢の1つひとつを輝かせ、燃え上がりますように。

さあ、ソースの旅へ歩み出しましょう。

＊1 「愛は善いと思うものを追い求める」は、哲学における格言「善は愛の適切な原因である」に由来する。これは、13世紀のトマス・アクィナスの『神学大全』(*Summa Theologica* I-II, 27 art. 1, www.newadvent.org/summa/2027.htm を参照)にある言葉だが、アリストテレスや聖アウグスティヌスも同じような考えを持っていた。

＊2 1960年にカロル・ウォイティワ(後のローマ法王ヨハネ・パウロ2世)は、著書『愛と責任』(Karol Wojtyla, Love andResponsibility, Pauline Books & Media 2013, 邦訳はエンデルレ書店、1982年)の中で、「愛とは使うことの反対である」と記して「個人主義規範」を打ち出した。彼によれば、人は「善」であり、それに対する唯一の適切かつ有効な態度は「愛」である。したがって、人を手段として利用することは不当だ。

さらに「自分自身を与える」というテーマは、彼の作品において非常に重要であり、第二バチカン公会議の『現代世界憲章』の次の一文の影響を受けている。「人間は、余すことなく自分自身を与えないかぎり、全き自分ではありえない」(*Gaudium et spes* 24:3, 邦訳は『第二バチカン公会議公文書改訂公式訳』カトリック中央協議会、2019年)

＊3 リタ・バセは『私が探すソース』の中で、「ソースの直感」と「ソースの探求」について言及している(Lytta Basset, *La source que je cherche*, Albin Michel, 2017, 24 and 10)。

＊4 欧米では、一般的に「毛沢東の小さな赤い本」というと『毛沢東語録』を指す。原書は1964年に中国語で出版された。

『赤の書』は、スイスの有名な精神分析医ユングが1913年から1930年にかけて執筆し挿絵を描いたもので、2009年まで未発表のままだった。

あとがき

変わりゆく時代

私たちは今、大きな変化の時を迎えている。これは何度も繰り返されてきた言葉ですが、読者は明らかに自分事として感じているのではないでしょうか。私は半世紀以上にわたって、この変化を意識的に追いかけてきましたが、そのプロセスはまだ始まったばかりだと考えています。

今の世の中を見ていると、人々が悲観的になるのも不思議ではありません。しかし、自分の人生の意味に触れることができるのは、私たちが得られる偉大な贈り物であり特権です。その境地にたどり着くことができれば、自分の境遇に満足していたかどうかにかかわらず、死後の世界があるならきっとそこでも幸せに暮らせるのだと、私は深く信じているのです。

私は、このことを心の底から信じています。

しかし、私たちがますます意識的になるにつれ、直面する課題や難しい状況は、期待に反して小さくなるどころか、むしろ大きくなるかもしれません。なぜなら、私たちの課題を扱う力もまた急速に成長するからです。未来を見据えるとき、こうした結果にたどり着く可能性は大いにあります。ですから、必要以上に楽観的あるいは悲観的になるべきではありません。

このような観点から、私は若い頃に「マネーワーク」と呼ばれるものを、自らの使命感に従って何もないところから研究・開発しました。もともとは、お金との関係性を理解し、整理するために考案されたシステムでしたが、今では個人の成長を後押しする手法であると考えています。ずっと後になって、不意にもう1つの仕事が、私にとって同じくらい重要なものになりました。それが今、みなさんに読んでいただいた本の土台になっている「ソースワーク」です。

というのも、マネーワークによって自分の中のソースとより強く密につながることができれば、ソースワークによって良いプロジェクトやイニシアチブの実現も加速するのではないかと期待しているのです。これらが広まれば、ますます意識が開かれたソースパーソンが飛躍的に増えていくでしょう。

このような背景から、ソースに関する初めての本格的な書籍を執筆し、世の中に送り出してくれたステファン・メルケルバッハに深く感謝しています。この本は、私がこの数年間取り組んできたことを正確に描き出し、ステファン自身の表現を美しく重ね合わせた1冊です。それだけでなく、この本自体がソース原理をそのまま体現しているのです。

何年もかけて何千人もの人々が、自らの人生の中でソース原理を繰り返し見出してきました。時折、私の説明するソース原理はあまりにも独断的すぎると非難されることもあります。ステファンは本書の中で、ソース原理を優しく繊細に、わかりやすいステップを示しながら説明してくれました。これ以上のものを望むことはありません。

読者のみなさんにも感謝するとともに、あなたの年齢・職業・政治・信念に関係なく、多くの愛と成功を手にすることができるのを願っています。

そして、みなさんがいつまでも幸せに暮らせることを祈ります！

ピーター・ジョン・カーニック

2018年12月

本書に寄せて

ソースの風景と言葉

峠道にいたときから
私が見つけた源泉《ソース》は、まだ囁《ささや》きにならないうちから輝きを放っていた
秋の日差しを反射して、山肌に明るい光の筋をつくっている
私はリュックサックを降ろすのと同時に、その光を追いかけた

静けさの中で（水がその場所を選んだのか、それとも山がそうしたのか）
岩壁の陰からゆっくりと、身を震わせながら姿を現す
最初の斜面をうねりながら下っていくその姿を見ていなかったら
この細い流れがやがて大きな流れになるなどとは思わなかっただろう
私は水筒に水を満たし、一口飲み、そして流れを追った
小さな石ころに当たるたび、驚いたような小さな音が聞こえて、山との対話が生まれる
ゴボゴボと、オノマトペとセレナーデが混じり合う
私は、その音の響きに導かれるように身を任せた
源流の音に耳を傾けながら、何度も飛び越える
あるところでは、石の絨毯の下に隠れて、行く手を見失わせ、神秘を漂わせる
さらに進むと、流れが加わって、茂った迂回路にたどり着く

それもまた美しいものだ

もちろん、その川が目立つようになると、地図上に名前をつけられる
それは川に親しみもなく、土地勘がない人たちによって与えられたものだ
しかし、私たちはまだそこに至っていない
その前に、この出会いのために与えられた名前を知りたい
そこで私は耳を澄まし、写真の構図を見極め
このキャンバスが呼び起こすものの気配を感じている
古《いにしえ》の平和、山に根ざした自由、直感的で野性的な魅惑
そう、川の雄弁さは、水とミネラルと生命で成り立っている
まるで私のように
私の写真は、ある意味、この共鳴を追い求めているのだ
今、アルペングロー（写真家の夢）は、夜の中に溶け込もうとしている
私は寝袋を広げた
ここからだと川のせせらぎは聞こえない
月光で白く染まった静寂の中で、霧が私に寄り添う
寒さで目覚めた私は、川が消えたと思った
夜中に起き上がり、再びその水音を見つけるために歩く
星空の下、水音は別の「ことば」に変わりつつあった
川は見ているのだ

私は疲労と寒さを我慢しながら眠りにつく

夜の延長線に太陽が姿を現し
新しい一日（「特別な日」と言っても良いだろう）がやってくる
川が広がる小さな山間の湖の岸辺を歩く
波が打ち寄せ、小さなカエル数匹とオタマジャクシが見える
湖はやがて滝へとつながり、重力とともに音を立てて流れる

下流に向かって何時間も歩くと、突然、地面がコンクリートで覆われた貯水池が現れる
それは実用的な仕様になっていて、地図上では点線で示されている
さらに下流に進むと、水は音もなく古くからの水路に流れ込む
その水路は今や、観光用に大々的に修復され、ビニールシートや金属板で覆われている
機械化された水門に制御された川は、その名前を失いかけており
静寂の中に迷い込んでいる

私はデジタル化された声を思い浮かべた
公共交通の停車駅を告げるときの
アクセントを消し去り、地名の意味を切り刻んでしまう、ありふれた声
人間はため息をつき、ソースもまたため息をつく
山頂と昨日の最初の光の輝きが、今はとても遠くに感じられ、私の足も疲れ果てている

私は、川の音を聞いた証しとして写真を持って帰る
帰りの電車でそれらを見返し、ステファンに見せるのを楽しみにしている
この小さな本（まだ完成にはほど遠いが、赤い本になることは確かだ）を
書けることに喜びを感じている
なぜならソース原理はいつも私に洞察を与え
自分のプロジェクトを推進する力をくれるからだ

私の水筒の中には、私の血管の中には、まだ少し、あの川の水が残っている
私の言葉にも、その水音が少し宿っている
雨の日も晴れの日も、その呼びかけを聞き逃さぬように
何度もあそこに立ち戻り、ソースを見出そうとするだろう
創造しよう、自由に、そして生き生きと！

ヴィンセント・デルフォセ
写真家

写真／コル・デ・ラ・ツェバイレ山（スイス）の源泉
2018年10月撮影

謝辞

本書は2019年にまずフランス語で、そして2020年春にはドイツ語で出版されました。ピーター・カーニックの母国語である英語版の出版が決まったとき、ソース原理の「父」であるピーターから、チューリッヒに住む旧友カレン・スミスを翻訳者として紹介してもらいました。

2019年10月24日、チューリッヒのリンマートクヴァイにある「カフェ・フランゾス」で最初の打ち合わせを行いました。「フランゾス」（チューリッヒの方言でフランス語の意味）で書かれた本の翻訳プロジェクトの出発点として、そのカフェの名前はぴったりだと思ったのです。

カレン・スミスはピーターとよくソース原理について話しており、すでにその重要性をよく理解していました。そこで、最初の打ち合わせの後、試しに1章分を翻訳してもらうことにしたのです。私はすぐに彼女の深い知性と強い個性を知ることとなりました。彼女は冗長な言葉にならないように気をつけながら、フランス語の原文に忠実に訳してくれました。最も適切な単語を見つけ出し、ソース原理について力強く表現してくれたのです。

ミーティングやファイル共有はオンラインで行い、お互いが同時に翻訳文にアクセスできるように工夫しました。特に期限を決めたわけではありませんでしたが、新型コロナウイルスの感染が広がって彼女が南仏に「閉じ込められた」とき、私たちは長い旅に向けて出発したのを感じました。一方で、スイスにあるオーディナータ社では数か月間、ワークショップやグループのトレーニングをすべて中止せざるを得なくなりました。普段の忙しい生活では得られなかった、貴重な「時間」をたっぷり与えられたのです！

私たちはオンラインミーティングを頻繁に行い、気づけばすべての章を翻訳し終えていました。そして、明確かつ自然な文章になるように、何度も何度も推敲したのです。適切な言葉がなかなか見つからず、モリエールの言語とシェイクスピアの言語の克服しがたい相容れなさに直面し、半ば絶望しかけたとき。根気強く取り組んで、良い解決策が見えてきた安堵と喜びのため息をついた瞬間。30回を超えるミーティングを通して、私はカレンのユーモアセンスに何度も笑わされました。

少しずつ、彼女はこの本の声とメッセージに共鳴するようになりました。そして、ソース原理が英語圏の読者にきちんと届くように、新しいイメージや音や色で豊かに彩ったのです。そうした翻訳のプロセスにおいては、彼女がソースとなりました。こうして、文章に中にビートルズやイケアの家具がさりげなく入り込んできたのです。

また、カレンは細かい表現の意味まで私に確認し、その箇所の編集と改善に貢献してくれました。要するに、彼女は私の柔軟性の欠如に怯むことなく、多くのイニシアチブとリスクを取って、本書を大きく改善してくれたのです。情熱とエネルギーと技術を惜しみなく注いでくれた彼女に、私はいくら感謝してもしきれません。この旅路で素晴らしい友人を得たことを、とても幸運に思っています。

出版前の最終段階では、さらに4人の方々が校正・添削に協力してくれ、最初の読者としてフィードバックいただきました。まず、ピーター・カーニックのマスタークラスの卒業生で、私の友人でもあるナターシャ・スターラルド。彼女はイギリスでアンアシューミング・ラディカルズ（Unassuming Radicals, www.unassumingradicals.com）を立ち上げ、ソース原理を深く理解し、仕事で活用しています。そして、カレンの同僚であるジェーン・リードとアンドリュー・バーズは、第三者の目で査読に協力してくれました。彼らの目線が、本書の読書体験をより良いものにしてくれたはずです。

そして、ピーター・カーニックが本書の英語版の最終的なチェックを担ってくれ、最終稿が出来上がったのです。これらの方々の素晴らしい貢献に感謝しています。

この原稿を書き終える直前に、もう1人謝辞を贈るべき相手がいるとピーターから言われました。それは、『コーチングの極意』（*Masterful Coaching*）の著者でリレーションシップス・オーガニゼーション（Relationships Organizations）やハーグローブ・アソシエーツ（Hargrove Associates）の創業者であるロバート・ハーグローブです。ロバートが組織の創業者に「ソース」という言葉を当てていたのを、ピーターが聞いたのが始まりだったのです。

そして、1981年5月にロバートがジェルベーズ・ブシェと行ったリレーションシップ・ワークショップを通じて、ピーターはカレン・スミスと出会い、その後アンドリュー・バーズをチームに引き入れました。彼らの友情と協力関係は、ソース原理の実用性と自然な美しさに見事に重なります。

ロバート・ハーグローブが見出したソース原理の原点、ピーター・カーニックによる40年近くにわたる徹底的な考察とたゆまぬ研究がなければ、私はこの本を書いていなかったでしょうし、あなたがこれを読むこともなかったでしょう。

カレンがチューリッヒに戻り、この本が英語圏の読者に届き始めたら、プロジェクトの完成を祝ってどこへ行こう？　私たちの冒険が始まったフランゾスの後は、イギリスびいきの店を選ぶべきでは？　ジェームス・ジョイス・パブか、それともイベ・ブリスケット・サザン・バーベキュー？　スープでも良いかもしれない。ソースの迷いが、またまた始まってしまいました！

ステファン・メルケルバッハ
2020年8月

日本語版の謝辞

創造的な人生を生きる術について

青野英明氏（aonohideaki.com）からこの本を日本語に翻訳したいと聞いて、私は彼のイニシアチブを喜びました。新たなソースの冒険が、今度は日出ずる国で始まったのです。ドイツ語、英語に続いて3つ目の翻訳版になります（2024年時点）。どの翻訳のプロセスも、新たなイニシアチブ、リスク、迷い、明確化を通してソースの冒険にさらなる豊かさをもたらしてくれました。きっと日本語版の翻訳もそうでしょう。

私は日本語がわかりませんが、子どもの頃から日本文化に魅了されてきました。小林一茶、松尾芭蕉、与謝蕪村、宝井其角などの俳句や川柳を熱烈に愛し、その素朴さ、洞察力、ユーモア、奥深さが私の魂を大いに揺さぶりました（時折、私自身も俳句を詠みます）。そして、1945年8月の長崎への原爆投下で妻を亡くしながらも生き延びたカトリックの放射線科医、永井隆の物語に深く感銘を受けました。爆心地に近い浦上地区に自宅を再建し、彼は地域の人々、そして日本中の人々を助けました。人々が再びソースパーソンになれる勇気を与えたのです。

私が日本文化から連想する深みと繊細さは、『すべては1人から始まる』の著者トム・ニクソンを通じて知り合った青野氏にも感じ取ることができます。トムから聞いたところによると、彼の日本の友人である山田裕嗣氏が『すべては1人から始まる』を日本で広めたいと考え、これが2022年に英治出版から出版されました。山田氏が本書も日本で広めたいと考えていたところ、友人である青野氏がこのプロジェクトに惹かれ、みなさんが手にしている日本語版のグローバルソースとなったのです。

2022年6月末に青野氏と山田氏がヨーロッパを訪れ、ピーター・カーニックとトム・ニクソンに会った後、スイスの私の自宅を訪ねてくれて、翻訳プロジェクトについて詳しく話し合いました。そのとき、青野氏は生まれ育った茨城県の鹿島神宮の御朱印を受けた「御朱印帳」をプレゼントしてくれたのです。私は深く感銘を受けました。その御朱印帳は私の宝物です。

翻訳が進むにつれ、メールでのやりとりを通して、青野氏が言葉の意味にとても敏感な人であると感じました。日本語がわからないので翻訳を直接チェックできなかったものの、私は彼の感性を完全に信頼することができました。

彼の数々の鋭い質問によって、ソースについての考えを改めて明確に説明する機会を何度も得ました。こうして、表には青野氏、その背後に私という布陣で、翻訳プロジェクトは新たな創造性を生み出したのです。

青野氏との仕事を通じて、私は彼が伝えたいことを感じ取り、それを全面的に支持したいと思いました。それは、ソースパーソンになる喜び、あるいは自分自身をソースパーソンであると認識したときに得られる喜びによって、どんな年齢の人であっても生きる喜びを再発見できるということです。まさに、創造的な生き方ほど美しく、刺激的で、充実したものはないでしょう。

2023年7月、青野氏は本書の共訳者となる嘉村賢州氏を含む15人の日本人をスイスに招き、オーディナータの亀の形をした家（www.ordinata.ch）で開催したソース原理に関するワークショップに参加しました。ソース言語の「父」であるピーターと共に4日間を過ごし、ソース原理について多くの議論と新たな洞察を得たことは忘れられません。特に、夏の太陽に照らされた山の頂上で行ったグループワークが心に残っています。となりで草を食んでいた牛たちは、人間たちが草の上に座って、いったい何を話し合っているのだろうと不思議に思ったことでしょう！

青野氏の呼びかけのもと、日本語訳をチェックしてくれた嘉村賢州氏、大森雄貴氏、山田裕嗣氏に心から感謝します。彼らは9回にわたってオンラインで集まり、各章について細かく議論してくれました。そして訳語について貴重なアドバイスをくれた吉原史郎氏にも感謝します。

その後、青野氏と嘉村氏は日本語訳を全面的に見直し、2024年の年明けに私が妻のクローディーヌを伴って初めて日本に滞在した際に、その核心部分について話し合うことができました。また2人と共に、私は東京でソース原理に関する一連のワークショップとカンファレンスのファシリテーターを務め、そのうちの2回はリレーションズ（relations.net）の長谷川博章氏、高橋直也氏、廣瀬信太郎氏に協力いただきました。

日本滞在中、私は自分の御朱印帳にたくさんの御朱印をもらうことができました。それだけでなく、多くの参加者の熱狂的な反応や本質を突いた考察のおかげで、ソースという言語がいかに日本人に受け入れられやすいかを確認できました。そして永井恒男氏とは、日本の大企業の経営者向けのワークショップを一緒に企画し、ソース原理が大小を問わずあらゆる組織にとって強力なツールであることを改めて確認できました。

特に、本書を翻訳してソース原理を伝えるという素晴らしい仕事をしてくれた青野英明氏と嘉村賢州氏に感謝の意を示すとともに、日本でソース原理を広めようと活動している多くの人たちの努力が実ることを祈っています。また、青野氏と連絡を取ってくれたトム・ニクソン、日本語版の元となる素晴らしい英訳をしてくれたカレン・スミス、そして東京でのワークショップに同行し、日本語訳のダブルチェックをしてくれた通訳者の福島由美氏にも心から感謝します。

最後に、ソース原理にどっぷり浸かるために2日間のワークショップにまで参加してくれた英治出版のプロデューサー、下田理氏の温かいサポートのおかげで、本書は完成しました。そして青野氏、嘉村氏、下田氏、私の4人で日本語版のために特別に「探求ガイド」を執筆して付け加えました。本書の準備と出版に尽力してくださったすべての方々、そして石﨑優木氏、齋藤さくら氏をはじめ英治出版のメンバーに心から感謝します。

最後に、与謝蕪村（1716-1784）の俳句を引用したいと思います。この作品は、あらゆるソースは美しく統一された結果に収束し、それは読者1人ひとりのソース・プロジェクトに潤いと栄養を与えてくれることを表現しているように感じるのです。

池と川ひとつになりぬ春の雨

ステファン・メルケルバッハ
2024年春

◆ ソース原理に関する研修やコンサルタント

- ソース原理の国際コミュニティの「People」のページ（workwithsource.com/people）では、英語圏のトレーナーやコーチが紹介されており、そこから連絡を取ることができる。

- 著者のステファンがグローバルソースであるオーディナータ社では、ソース原理を活用する方法をいくつか提供している。フランス語、ドイツ語、英語、イタリア語で活動を展開しており、スイスのジヴィジエをはじめとする各地で、要望に応じてトレーニング、プロフェッショナル共同開発グループ、ソースワークショップ、個別ソースサポート（オンラインおよび対面）を行っている（www.alittleredbookaboutsource.com/source-work）。

◆ ソース原理や本書の関連情報

- 本書の英語版公式サイト：www.alittleredbookaboutsource.com

- 令三社公式サイト：r3s.jp

◈ ソース原理に最初に言及した文献

ソース原理に関する最初の記事は、ナディアシュダ・タランチェフスキが2014年1月に発表した「組織におけるソースの役割」(“The Role of Source in Organizations,” *The Mobius Strip Magazine*, Winter 2014, 55-57)である。2015年10月には改訂版「誰のアイデアだったか？ 組織におけるソースの役割」を発表した。(“Who's Idea Was it Anyway? The Role of Source in Organizations,” medium.com/@AhoiNadjeschda/who-s-idea-was-it-any-way-therole-of-source-in-organizations-843b407e2879)

ソースパーソンが書籍で初めて言及されたのは、カナダ人の元コンサルタントであるマルティーヌ・デシャンがフランス語で書いた『事業承継プラン……それがあなたを殺すわけではない！』(*Planifier sa retraite ou sa relève... ça ne fait pas mourir!*, Un monde différent, 2017, 95-110.)である。

ティモシー・フェリスの著書『Tribe of Mentors（トライブ・オブ・メンター）』(*Tribe of Mentors*, Houghton Mifflin Harcourt, 2017, 邦訳はダイレクト出版、2018年)の中でも、グラハム・ダンカンがソースについて語っている。

フレデリック・ラルーは、『[イラスト解説] ティール組織』(*Reinventing Organizations*, Nelson Parker, 2016, 邦訳は技術評論社、2018年）でピーター・カーニックのソース原理を論じている。その続編となるビデオシリーズ「Insights for the Journey」では、さらにソースパーソンの役割を積極的に紹介している（“1.10 Your roles in this new world,” thejourney.reinventingorganizations.com/110.html）。

トム・ニクソンの『すべては1人から始まる』(*Work with Source*, 2020, 邦訳は英治出版、2022年）は、ピーター・カーニックの研究に基づいた内容で、ソースパーソンが大きなアイデアを実現し、協力者を集めるために集団をつくり、お金を用いて芸術的に取り組み、終わったら手放すのを手助けしてくれる一冊だ。この刺激的で非常に実用的な本は、「ソース原理とは何か」「ソース原理を日々の実践に活かす」「本来の自分を取り戻すマネーワーク」の3つのパートに分かれている。

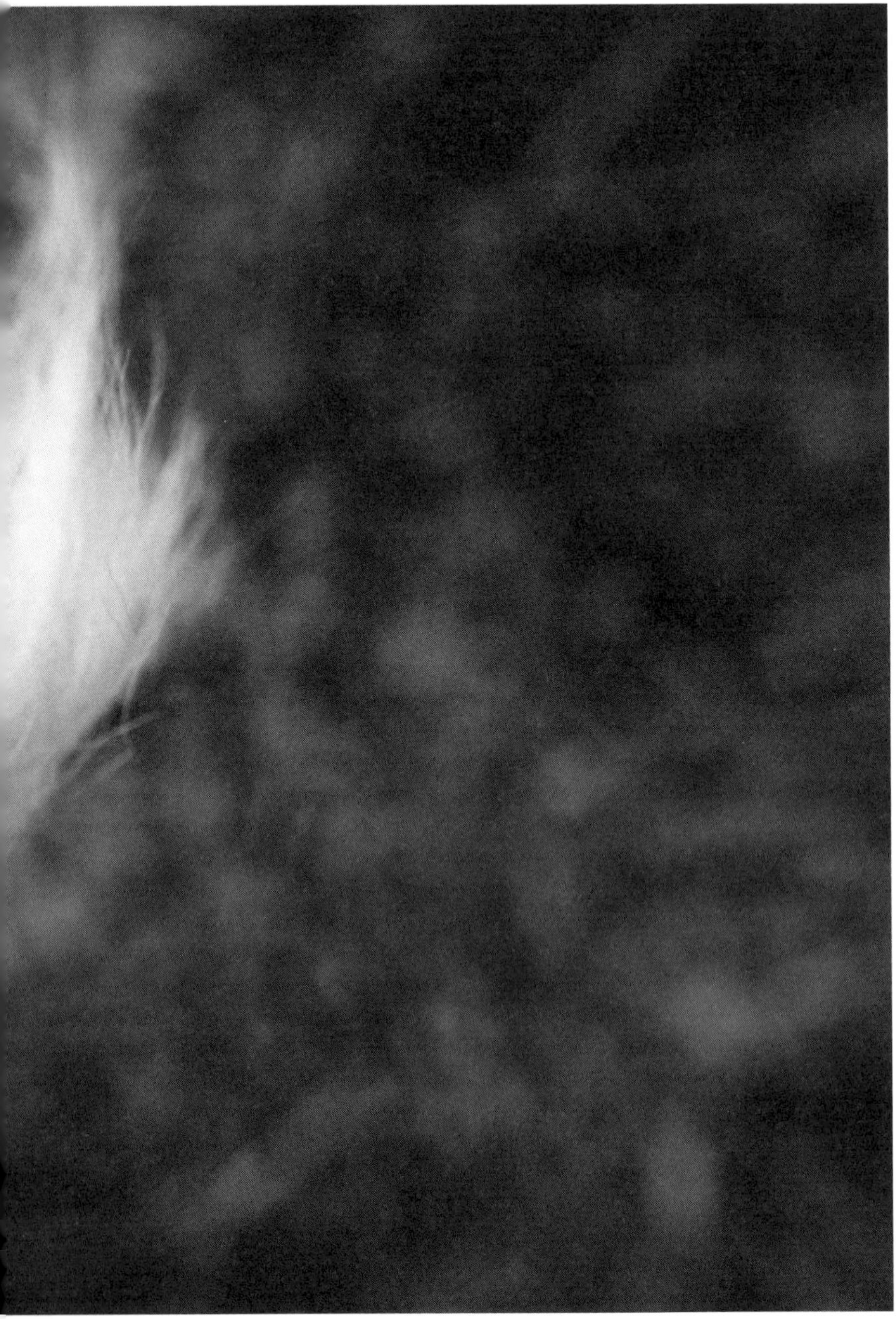

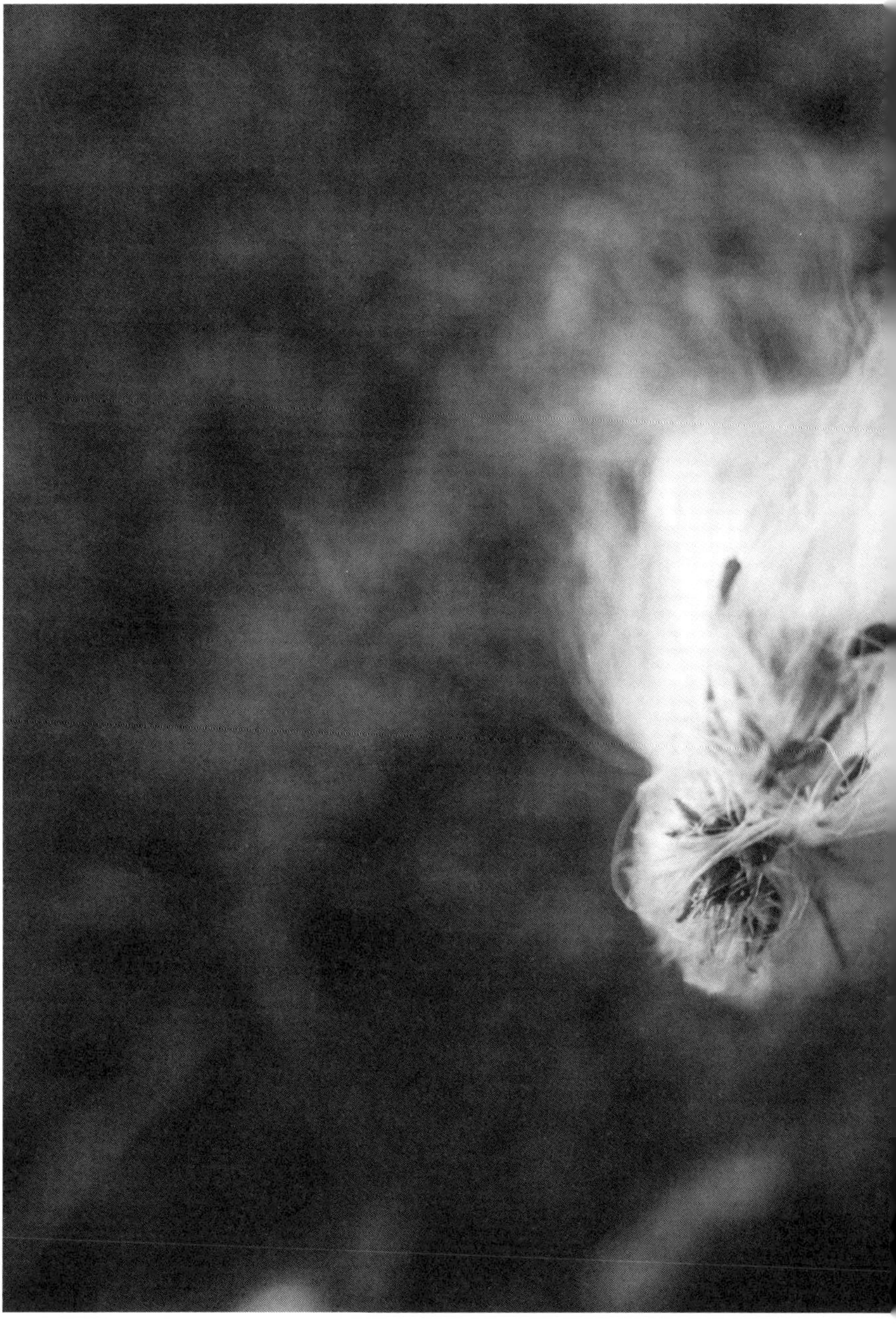

Flowing to the sea, the river stays true to its source

海へと流れる川は、その源流に忠実である

——ジャン・ジョレス

おわりに

この［探求ガイド編］では、ソースジャーニーというフレームワークを通して、ソース原理を体感しながら探求してきました。実際に自分や自分が所属する活動を思い出しながら向き合うことで、ソース原理の奥深さを体験できていたら幸いです。

ソース原理は組織だけでなく家族関係、チーム、コミュニティ、ありとあらゆる人間活動に適応できるパワフルなものの見方です。今後もぜひご活用ください。

また、もっとソース原理を活用したい方はソースワークやマネーワークを深めていくことをおすすめします。よりパワフルに自己を変容し、活動を自分の人生の大切な一部としていくことが可能になります。そうしたワークショップなど、ソース原理に関する情報を令三社のホームページ（r3s.jp）で発信していきますので、ご興味ある方はご覧ください。

回答サンプル

1

友人の建築会社の事業承継。創業者は「相手の声を深く聞くこと」を何より大事にしていたそうで、「建築会社なのにそこまでやらなくても、すばやく家を建てれば儲かるのでは？」と思っていた。数年前に事業承継をしたが、後任者（血縁関係がない人）も同じような価値観を持っているようだ。事業承継に備え、2人で顧客の現場をまわったりしていたらしい。その過程で「何が大事なのか？」という話をして価値観を共有したのだろう。

2

属人的なミスを減らすためにITをもっと活用しようという変化があった。後継者のほうがフランクな性格なので、協力業者さんとの付き合いもフランクになったらしい。ビジョンも少し今風になったと思う。しかし、深く聞く、相手の真意に寄り添う。本当の悩みを解決する提案をする。という価値観は変わっていないように思う。

2-1.

協力業者さんを交えて、社長交代の宴席があった。壇上で2人が深く握手をするシーンが印象的で、その場にいる誰もが「後任者はこの人しかいない」と確信したのではないかと思う。

やってみよう
ワーク

ソースの受け渡しを探求する

1　あなたの周囲で起こった事業承継について考えてみてください。グローバルソースの価値観は後任者に引き継がれていますか?

2　受け渡しに伴い、ビジョンは変わりましたか?

3　受け渡しの儀式はありましたか?　あったとすればどんなものでしょうか?

◆ ソースが受け渡せたかを確認する方法

グローバルソースからグローバルソースへの、サブソースからサブソースへの受け渡しがうまくできているかどうかはどのように確認することができるのでしょうか？　ここでは簡単にチェックできる2つの方法をお伝えします。

1 新しいソースパーソンに直感がやってきているか？

2 新しいソースパーソンはリスクを取って行動しようとしているか？

以上について確認することで、その人がグローバルソースやサブソースになっているかを確かめることが可能になります（ちなみに、この確認方法はグローバルソースがサブソースにフィールドを委任するときにも活用できるプロセスです）。

☞ NOTES 「道の口伝」と「ソースの受け渡し」

花道や茶道など「道」を伝えるとき、「文献に残すと解釈の違いによって混乱が生じるため、口伝によって教えることを基本とする」という考え方があるようです。

先達が弟子に丁寧に伝えようとするとき、見本を見せたり、対話や問答をしたりする時間を経ることで、言葉にならない暗黙知も共有されるのでしょう。それは形式的な伝承ではなく、大切にしている価値観、そして時代に合わせてどのように応用や変化が可能かまで伝えることであり、2人の間に深い信頼関係を築いていくことでもあるでしょう。そしていつしか、先達にとっても弟子にとっても「もう大丈夫」という時が来るのです。

ソース原理でも、同じようなことが起こっています。ソースの受け渡しがうまくいくと、元のソースパーソンには直感が降りなくなるという現象が起こるからです。「道の口伝」の質感は、ソースの受け渡しと似ているのかもしれません。

3　受け渡されるものと変わっていくもの（ビジョン、フィールド、価値観）

受け渡されるのは、イニシアチブのビジョンとフィールド、そして価値観です。ビジョンとフィールドはその後進化する可能性がありますが、価値観はほとんど変わりません。

ビジョンは、常に変化する状況に適応するダイナミックなプロセスであり、新しいソースパーソン（サブソース）が受け取る直感によって、その都度育まれるものです。

一方、価値観はイニシアチブの核心をなし、プロジェクト、タスク、チームなどの遺伝子に埋め込まれたものです。後継者には、ソースパーソン（サブソース）が当初からイニシアチブに込めた価値観を尊重し、それを土台にしてプロジェクトを進める意志と能力が求められます。そのため、元のソースパーソンと後継者は、バトンの受け渡しが行われる前に、後継者が価値観を深く理解し、それを体現する意欲が十分にあるかどうかを必ず確認しなければなりません。この確認作業によって、ソースパーソン（サブソース）とその後継者の間に信頼関係が生まれます。

受け渡しがうまくいくと、ソースパーソンのビジョンや価値観が後継者に引き継がれ、後継者は自分の直感を頼りにビジョンを明確にしながらプロジェクトを進めていくことができるようになります。

◆ ソースの受け渡しをうまく機能させるための原則

ソースの受け渡しをスムーズに進めるためには、以下の3つの原則を理解しておくことが大切です。

1　人から人へ

ソースの受け渡しは、常に1人と1人の間で行われます。現在のソースパーソン（サブソース）である人物と、その後継者です。ソースは1人なので、その役割を引き継ぐのも1人です。また、組織や団体、法人といった集団にソースを受け渡すことはできないと理解しておくことは重要です。ソースは、生身の人間によってのみ受け渡すことができるのです。

2　渡す自由と受け取る自由

ソースパーソン（サブソース）は、いつでも望ましい人に自分のソースを渡すことができるという意味で、完全に自由です。後継者もまた、それを受け入れるか拒否するかは完全に自由です。ソースの役割を誰かに強制したり、押し付けたりすることはできません（したとしても機能しないでしょう）。

新しいソースパーソン（サブソース）は、旧ソースパーソンがソースの役割を実践しなくなった時点ではじめて、ソースパーソンになり、イニシアチブの直感を受け取るようになります。逆に、誰かに受け渡しが実際に行われない限り、元のソースパーソン（サブソース）はすべてのレスポンシビリティを負っているのです。

ステージ
7

次の旅へ

イニシアチブの終わりとソースの受け渡し

ソースパーソンはソースを誰かに受け渡すまで、あるいはイニシアチブの終了を決定するまで、ビジョンの実現に向けて歩みを進めます。イニシアチブを継続させたいのに自身が活動を辞めなければならない場合は、受け渡しが必要になります。受け渡しのプロセスは、グローバルソースからサブソースにフィールドを委任するときにも同様に見られます。

フィールド全体のソース（グローバルソース）となる人物が自分のやっていることやつくっているものに興味を持たなくなれば、そのイニシアチブは長続きせず消えてしまうでしょう。これは自然に起こることです。しかし、彼らはソースを受け渡すこともできるのです。

同じように、サブソースが自分のフィールド内のプロジェクトやチームなどに興味を失うこともあります。たとえフィールドの一部が消滅しなかったとしても、サブソースが去るときにも受け渡しの問題が生じます。

4 ステップ3で作成した文章の反対のフレーズも探りにいきます。

a ステップ3で探求したフレーズの反対の意味になるような文章を作成してください（辞書的な意味で反対の言葉ではなく、自分にとって反対と思えるもの）。形容詞がよいですが、「○○ではない」という表現でも構いません。すぐに思い浮かばなければ、ステップ3で作成したフレーズと反対の振る舞いをするような人物を思い浮かべ、その人を表現してみてください。

b そのフレーズが自分にとってポジティブかネガティブかを考えて、ステップ3に沿って文章を作成し、身体感覚を探求してください。

c ステップ3と4の文章を声に出し、最初の違和感との違いを探求してください。

3-2 ネガティブな場合

a 「私は○○である」の形で、ネガティブなイメージの文章を書いてください。

b aの文章の後ろに「それでいいんだよ」を追加した文章を書いてください。（ネガティブなイメージを中立なイメージにする）

c bで違和感が和らいだら、aの文章の後ろに「それでも大丈夫！」を追加します。（さらにポジティブなイメージにする）

d cで違和感が和らいだら、aの文章の後ろに「それって凄い！」「それってすばらしい！」など、エネルギーが最も高まるような言葉を追加した文章を書いてください。普段の会話中によく使う言葉がおすすめです。

3　2で選んだキーワードを使って、文章を作成していきます。文章を作成したら、その都度声に出して読んでみましょう。そのときの身体感覚に注目します。どんな感覚がありますか？　必ずしもしっくりくる必要はありません。「違和感」「ゾワゾワする」「喉に引っかかる」「嘘くさい」など正直な感覚を追ってください。

3-1　ポジティブな場合

a　「私は○○である」の形で、ポジティブなイメージの文章を書いてください。

b　aの状態は、何によって（何が要因で）成立していると感じますか（たとえば「皆から温かい言葉をかけられるから、自分は信頼されている」など）。

c　bで選んだ表現を使って「bがあってもなくても（あろうがなかろうが）＋私は○○である」という文章を書いてください。

全体性を取り戻す

1　自分が投影していると思われるテーマを選び、それについて感情が揺さぶられた体験を書いてください。できるだけそのときの光景を思い浮かべながら書くとよいでしょう。

2　1の文章の中から、投影が隠れていそうなキーワードを見つけてください。その言葉を見ると感情が動くものがよいでしょう。リストアップしたら、最も違和感があるものを選んでください。

[　　　　　　　　]　[　　　　　　　　]
[　　　　　　　　]　[　　　　　　　　]
[　　　　　　　　]　[　　　　　　　　]

誰しも多かれ少なかれ、同じような体験をしているでしょう。誰かの話を聞くことが自分を癒やすプロセスになることもあります。

あなたが参加者としてその場にいるなら、自分の経験や、プロセスを観察する中で気づいたことをぜひシェアしてみてください。

7　プロセスを終了する

ファシリテーターは深呼吸を促し、プロセスを終了します。

プロセスを急がないことが何より大事です。1セッション45分～60分を目安に、じっくり取り組みましょう。

また、クライアントは身体感覚に集中するあまり、自分のフレーズを忘れていることがよく起こります。ワークが終わったあとに、周囲の人がクライアントに伝えてあげるとよいでしょう。

5　選んだキーワードとその反対のキーワードを行き来する

ファシリテーター	ステップ3とステップ4でつくった文章を交互に声に出してみてください。 「言行が一致していても、していなくても、どちらでも私は聖人君子だ」 「私は、暴力的な人間だ。それでいいんだよ」 最初に感じた違和感と比べてどんな変化があるでしょうか？
クライアント	（声に出す）さっきよりもさらに身体が軽くなった気がします。

違和感が減少し、少しずつ心も受け入れるようになってはじめて、その文がクライアントにとって真実になるのです。

6　（他の参加者がいれば）同じような経験をしたかを尋ねる

ファシリテーター	今回取り扱った言葉に関心がある方、何か共鳴した方はいらっしゃいますか？
参加者A	私も似たような経験がありました。 数年前に〜〜。

4　キーワードの反対の言葉を見つけ、身体感覚を探求する

ファシリテーター	ステップ3で声に出したフレーズの反対の意味となる表現を探っていきましょう。これは辞書的に反対の言葉ではなく、**自分の中で「これが反対になりそうだ」という表現**を見つけてください。形容詞で考えるとイメージしやすいでしょう。 比較的かんたんなやり方は、ステップ3で使用したフレーズ（「聖人君子」「えこひいきをする人」）に当てはまる人物を思い浮かべてみてください。 次に、その思い浮かべた人物と**対極に位置するような人物**を思い浮かべます。芸能人など実際に会ったことのない人でも構いません。
クライアント	「聖人君子」の反対は、「**暴力的な人**」。 「えこひいきする人」の反対は、「**優しい人**」が浮かびました。 ［これは辞書的な反対の言葉ではないですが、それで正解です。クライアントは、この2つの極の間を行き来しながら外側の世界を解釈しているからです］
ファシリテーター	その思い浮かんだキーワードは、あなたにとってポジティブですか、ネガティブですか？

ポジティブかネガティブかの確認ができたら、新しいキーワードを使ってステップ3のプロセスを行います。

ファシリテーター	わかりました。では、身体はその感覚とつながり続けてください。脳にも問いかけてみましょう。**ある特定の条件下では、「えこひいきがよいことである」ということが成立します。**どのような条件ですか？　もしくは、えこひいきによってあなたが得られるメリットは何ですか？
クライアント	**責任感を持ってコミットしてくれている社員さんと、文句だけ言う社員さんを平等に扱うのは不公平だと思います。そんなときは、社歴とかにとらわれず、私のえこひいきで登用するのはよいことですね！** ［もしクライアントが思いつかない場合は周りの人に聞いてみてもよい］
ファシリテーター	そうですね。では以下の文章を声に出してみてください。 **「私はえこひいきする人間だ、それって最高！」**
クライアント	**（声に出す）あ！　軽くなりました。抵抗感もないです。**
ファシリテーター	いいですね。ではステップ4にいきましょう。

ファシリテーター	［少しゆるんだ感覚が出たら次に進む。それまでは繰り返し声に出してもらう。もしくは、「ピーター・カーニックは、すべての変化は嘘から始まると教えてくれました。嘘のフレーズを言っているという自覚を持っていいので言ってみてください」と伝えるのも効果的である］ では、次にこれを言ってください。 「私はえこひいきする人間だ、**それで大丈夫**」
クライアント	（声に出す）
ファシリテーター	身体感覚に変化はありますか？
クライアント	いや、ダメでしょう！って感じがします。
ファシリテーター	えこひいきしちゃダメってところですよね？
クライアント	はい、それで大丈夫ってちょっと意味がわからないです。
ファシリテーター	大事なのは思考ではなく身体の感覚です。身体はどうなりましたか？
クライアント	下半身がより重い気がします。

クライアント	（声に出す）あ！　軽くなりました。抵抗感もないです。
ファシリテーター	いいですね。ではステップ4にいきましょう。

ネガティブな場合「私はえこひいきする人間だ」

ファシリテーター	まずはどのような身体感覚があったのかを教えてください。
クライアント	身体がずーんと重い感覚です。
ファシリテーター	わかりました。では、**自分に許可を与えるように、以下の文章を2〜3回声に出してみてください。** 「私はえこひいきする人間だ、それでいいんだよ」
クライアント	（声に出す）
ファシリテーター	最初の身体感覚から変化ありますか？
クライアント	ちょっと軽くなりました。

クライアント	はい、ちょっと意味がわからないです。
ファシリテーター	**大事なのは思考ではなく身体の感覚です。**身体はどうなりましたか？
クライアント	下半身に抵抗感がある気がします。
ファシリテーター	わかりました。では、身体はその感覚とつながり続けてください。 脳にも問いかけてみましょう。**ある特定の条件下では、「言行一致していないのに聖人君子である」ということが成立します。**どんな状況でしょうか？　もしくは、言行一致していない聖人君子として振る舞うときに、あなたが得られるメリットは何ですか？
クライアント	あ！　私、普段からホウレンソウ（報告・連絡・相談）を何より重視しています。しかし、津波が来たときなどは、そのルールを無視して「自分の命だけを最優先にしろ！」と号令をかけるとか？　そうすれば命を救えます。 ［もしクライアントが思いつかない場合は周りの人に聞いてみてもよい］
ファシリテーター	そうです！　そのような場合では型破りな聖人君子が存在します。 「言行が一致していても、していなくても、どちらでも私は聖人君子だ」 **もう一度この文章を声に出して、1回目と身体感覚が変わったかどうかを教えてください。**

ここでの「ポジティブ」「ネガティブ」とは、言葉の意味というよりは、そのキーワードが本人にとって肯定的あるいは否定的な感覚を抱かせるかどうか、という意味です。どちらかによって若干プロセスが異なるので、以下に2パターンのプロセスを掲載します。

ポジティブな場合　「私は聖人君子だ」

ファシリテーター	まずはどのような身体感覚があったのかを教えてください。
クライアント	恥ずかしいような感覚です。
ファシリテーター	わかりました。では、**あなたはどんなときに、自分が聖人君子だと感じますか？**
クライアント	言行が一致しているときですね。
ファシリテーター	それをふまえて、以下の文章を2〜3回声に出してください。 **「言行が一致していても、していなくても、どちらでも私は聖人君子だ」**
クライアント	（声に出す）
ファシリテーター	身体感覚に変化はありますか？
クライアント	抵抗感が出てきました。
ファシリテーター	抵抗感があるのは、言行一致していないのに聖人君子だというところですか？

2　話の中から、投影が隠れていそうなキーワードを見つける

ファシリテーター	話の中で、以下のような言葉が**感情が動いたキーワードになりそうだ**と思いました。 「不公平」「えこひいき」「聖人君子」 いかがですか?
クライアント	確かに、感情が動いた気がします。

3　キーワードを使った文章を作成し、身体感覚を探求する

ファシリテーター	それでは、そのキーワードの主語を自分にして**「私は〜だ」という文章**を作成します。以下の文章を声に出してみてください。 「私は聖人君子だ」 「私はえこひいきする人間だ」 「私は不公平なことをする人間だ」
クライアント	(声に出す)
ファシリテーター	その中で**身体に最も違和感(胸が締めつけられる、身体が重い、くすぐったい、恥ずかしいなど)が出た言葉**を選んでください。 プロセスの最中、その身体感覚にずっとつながり続けてください。今は違和感があるかもしれませんが、それを抱きしめてあげてください。 また、それが**あなたにとってポジティブなものかネガティブなものか**を教えてください。

◆ 取り戻しワークの事例

ワークを始めるとき、クライアントは足を地面につけ、両手を膝の上に置き、目を開けたまま、背筋を伸ばし自分を中心に置くようにします。プロセスの最中は呼吸を続けていくことが大事です。クライアントが呼吸を忘れてしまったら、ファシリテーターのほうから呼吸を続けるよう声をかけてください。

今回の事例では「フィードバックが嫌い」というテーマを扱っていきます。

1　選んだテーマについて話をする

ファシリテーター	「フィードバックが嫌い」というテーマについて、**感情が揺さぶられた体験**を話してください。
クライアント	私は他人からフィードバックを受けるのが苦痛なのです。自分が責められているような感じがするので、他者の意見など聞きたくありません。 だって世の中の全員に公平なことなんてありえないじゃないですか？　結果、えこひいきになってしまうことだってあるでしょう。私は聖人君子じゃないんだ！

取り戻しワークは、通常はワークを実践する「クライアント」とそのプロセスを支援する「ファシリテーター」で実施します。複数のファシリテーターでサポートする場合もあります。

「キーワードを見つける」「身体感覚を探求する」といってもイメージしづらいので、これから実際にどのように取り戻しワークが進んでいくかの対話例を掲載しています。そのあとに、個人でも内省できるようなワークを用意していますので、ぜひ試してみてください。

なお、事例ではスムーズに進んでいるように見えますが、実際には何日もかかる場合もあります。うまくいかないと感じてもそれは自然なことなので、日を改めてみたり、専門のファシリテーターの支援を受けたりしてみてください。

NOTES　サブパーソナリティを意識してみよう

意識的なソースとして活躍するために、サブパーソナリティという考え方を知っておくとよいでしょう。これはユング心理学が提唱した概念で、私たちの心に存在するさまざまな人格のことを指しています。人生で遭遇するさまざまな状況に対応するために使う（あるいは反射的にかぶる）仮面のようなもので、「子ども」「親」「賢者」「戦士」「独裁者」「批評家」「異邦人」などの役割を演じ分けているとされています。

サブパーソナリティには2つの種類があります。

- プライマリーサブパーソナリティ：私たちが最も頻繁に使用し、私たちの社会的アイデンティティを構成する人格
- 抑圧されたサブパーソナリティ：私たちが内面で無視したり拒絶したりしていて、使われることのない人格

自分の中の、さまざまなサブパーソナリティを認識できるようになると、ある状況において自分のどのサブパーソナリティが活性化しているかがわかり、自己理解を深められるようになるからです。また、プライマリーサブパーソナリティを維持するのか、あるいは抑圧されたサブパーソナリティをイニシアチブに役立てる方法がないか、といったことを検討できるようになります。サブパーソナリティの取り戻し（自分自身の一側面として受け入れること）を行うことによって、選択肢が広がり、プロジェクトが直面するさまざまな状況にうまく対処できるようになるのです。

◈ 無意識の投影を取り戻すプロセス

ここまでで、投影というプロセスを通じて外部の世界を認識していること、投影自体が問題ではなく無意識の投影が問題のきっかけとなることを説明してきました。

それでは、どのようにして無意識の投影を認識していけば良いのでしょうか？　方法はいろいろありますが、ソース原理の提唱者ピーター・カーニックが開発した「マネーワーク」の中にある「取り戻しワーク」もその1つです。マネーワークは「お金との個人的な関係を理解し調和させること」を目的としており、お金への投影を認識することで個人の変容を促す方法です。

ソースワークでは、ソースという観点で自身の投影に意識を向け、取り戻しワークを通じて自身の全体性を高めていきます。そうすることで、より頻繁かつ強力に、自分自身の内なるソースとつながることができます。これから、その7つのステップを簡単に紹介していきます。

1　選んだテーマについて話をする
2　話の中から、投影が隠れていそうなキーワードを見つける
3　キーワードを使った文章を作成し、身体感覚を探求する
4　キーワードの反対の言葉を見つけ、身体感覚を探求する
5　選んだキーワードとその反対のキーワードを行き来する
6　(他の参加者がいれば) 同じような経験をしたかを尋ねる
7　プロセスを終了する

すなわち、投影とは外側の出来事を自分にとって都合が良いように解釈された世界に置き換える、人間にとって極めて自然に行われる認知システムなのです。

投影というプロセス自体が問題ではなく、自分が無意識に投影を続けた結果として、スクリーンに焼き付いた残像のように、「自分が見えている世界がすべてで、雨の日が好きな人なんていない！　月曜日が好きな人なんていない！」と、思い込むようになることが問題につながっていくのです。

ソースパーソンは謙虚な姿勢で、自分のフィールドに意見を述べてくれる人を歓迎しなければなりません。もしその意見が、自分の凝り固まった投影を認識させてくれるものであったなら、それを自ら受け入れることでフィールドが広がっていくのです。

たとえば、「お金があればなんでもできる！　だから内部留保は多ければ多いほど良い！」という凝り固まった投影を持っているグローバルソースがいるとします。そこに、サブソースの１人が、「もっと予算をください！」「今こそ投資すべきです！」と提案すると、グローバルソースは即座に却下してしまうでしょう。しかし、普段から自分の投影を見直すよう取り組んでいて、自分が持っているお金に対する投影を自覚していれば、「いや……、ちょっと待った。お金を使うこと自体には抵抗があるけど、投資に値するポテンシャルがあるか冷静に考えるべきなのかもしれない」と気づくことができるのです。

ステージ 6

帰り道

自分と向き合い、全体性を取り戻す

ソースパーソンがイニシアチブを進めていく中で直面するさまざまな課題やトラブルは、自分を見つめ直し、変容していくきっかけとなります。そのきっかけとうまく向き合うことができれば、ソースパーソンは全体性を取り戻し、情熱を高めることができます。さらに、ビジョンがもっと協力者を惹きつけるようになり、イニシアチブの前進につながるでしょう。

◆ 投影とは？

人間は起こった出来事に対して意味づけをして初めて、外側の世界を解釈できます。たとえば、「雨の日は気分が落ち込む」「月曜日は憂鬱だ」といったものです。

しかしこれは万人に当てはまるものではありません。たとえば、雨は農家の方にとっては恵みであり、雨の日は生き物の水々しい美しさを感じるかもしれません。また、月曜日が休みの人は日曜日の夕方からうきうきしてスキップしたくなるかもしれません。

☞ NOTES　身体感覚の探求は時間が必要

このステージでは、論理的な思考よりは身体感覚を扱う内容を含むため、理解しづらいと思われる方もいるかもしれません。その場合はここを飛ばして、ステージ7に進んでいただいても構いません。機会があれば、実際に投影と向き合い全体性を取り戻す「マネーワーク」のセッションを受けてみることをおすすめします。

2

a

お金。直感を形にすると、大きめの資金が必要であることが明らか。しかし、銀行からお金を借りることに大きな抵抗感がある。だからといって、手持ち資金だけだと、直感とはだいぶ異なるものしかできない。

b

一緒に共感して働いてくれる仲間。お金もそうだが、他人と一緒に働くときに、どうしてもぶつかってしまう。自分の要求が高すぎる？　しかし、高いレベルでの仕事をしないと美しさは創れない。一度、ゆるい要求で仕事をしたとき、人間関係は壊れなかったが、仕事の出来はまったく評価されなかった。

c

お金と人間関係をスムーズにしたい。

回答サンプル

1 a

例）「屋上パーマカルチャー」のプロジェクト

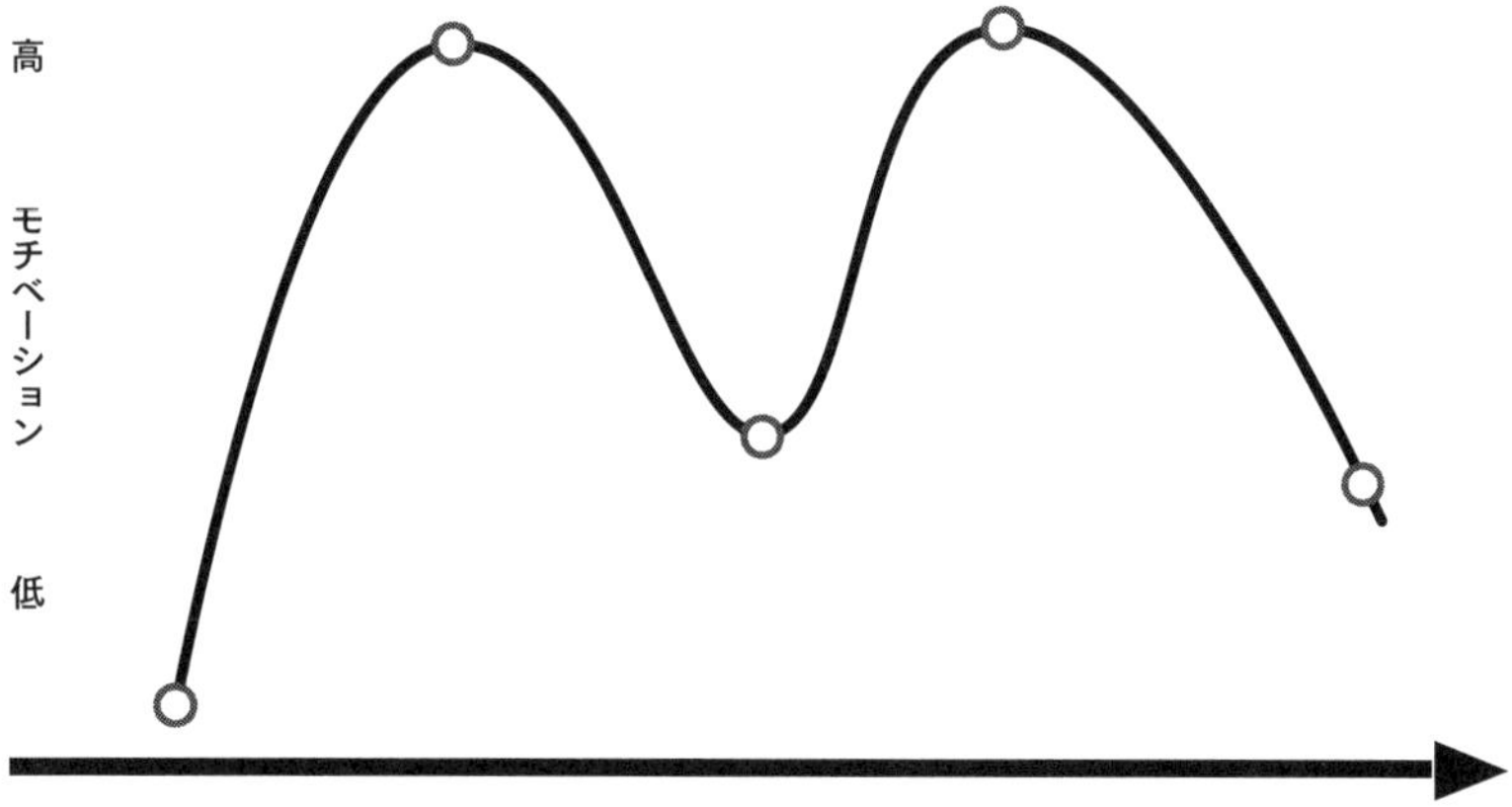

ステージ1	ステージ2	ステージ3	ステージ4	ステージ5
自分の価値観と会社の価値観のズレ。退職したい。	「屋上パーマカルチャー」のイニシアチブのアイデアを受け取った。	リスクを取ってクラウドファンディングという次の一歩を踏み出す（お金の話は苦手）。	庭師を雇う。仲間を募る。	細部にこだわりすぎて先に進まない。仲間に任せられずに不安になる。

2　探求

a　現在、どのような困難があなたのプロジェクトのパフォーマンスを損なっていますか？

b　プロジェクトの成否を左右する、自分ではコントロールできない外的要因はなんですか？

c　今、あなたが取り組みたい課題はなんですか？

やってみよう
ワーク

何がエネルギーの停滞を生んでいるか？

1 準備

a 今までに自分がソースになったことのあるプロジェクトを1つ選び、スタートから終了まで（まだ終わっていない場合は今に至るまで）のモチベーショングラフを描いてみましょう。象徴的なエピソードもあれば明記しましょう（描き方は次ページのサンプルを参考にしてみてください）。

b ステージ4で自分が描いたフィールドマップを用意して、眺めてみましょう。

無自覚だった自己の暴君や怠け者の性質を意識できるようになると、エネルギーに変換できる可能性を秘めています。「偏りはだめだ」と思い込むと、ソースパーソンとして「ああ、またやってしまった」と自己否定に陥ってしまい、その可能性を押し殺してしまうかもしれないのです。

ここで必要なのは、無意識に抱えている病理に気づき、意識的に怠け者や暴君の性質を活用していくことです。たとえば、大切な人が誰かに襲われているときに、「話し合おう」などと悠長な態度をとらずに、自分の暴君のエネルギーを引き出し、断固とした姿勢で相手に立ち向かう必要があるかもしれません。

逆に、変化が激しい社会環境の中で現場が疲弊しているときは、あえてリーダーとして意識的に怠け者の姿を見せて、現場に時間的、精神的な余裕を生み出す必要があるかもしれません。これら2つの両極をだめなものとして見るのではなく、正気を保ちながら意識的に活用していくソースとしての振る舞いが重要となるのです。

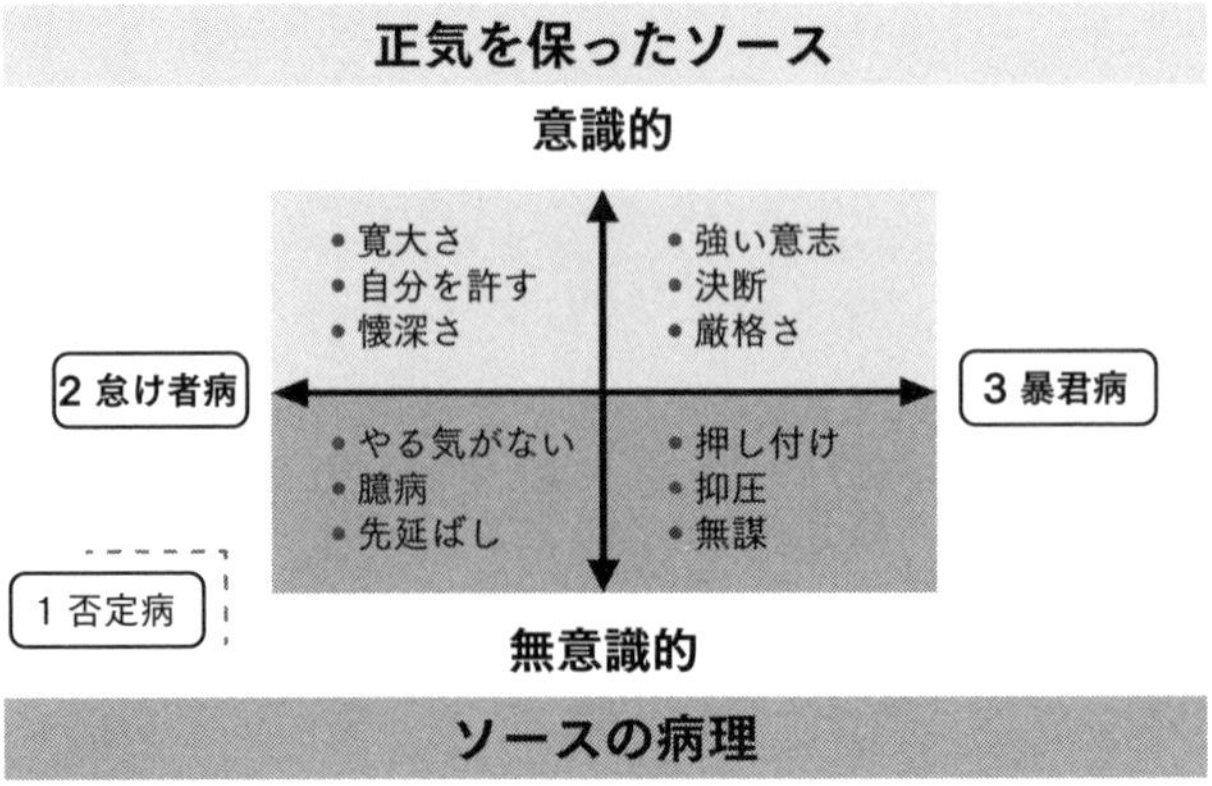

2　怠け者病

イニシアチブのソースとして自覚が生まれ始めたとしても、病理を患ってしまうことがあります。その1つが「怠け者病」です。ソースの主な役割である「起業家（リスクを取る）」「案内人（次の一歩を示す）」「守護者（フィールドの境界線を守る）」を怠っている状態です。症状としては、臆病になる、やる気が起こらない、向き合うべき物事を無視したりそこから逃げたりする、などがあります。

3　暴君病

怠け者の逆も病理です。ソースパーソンのエゴが強すぎるゆえに、他者への強制や抑圧、あるいは無謀な策を取り続ける状態です。過剰に「自分にはできる」という思い込みを持つこともあります。この病理を抱えると、サブソースたちの活動領域に介入しすぎたり、暴走したりして、彼らの潜在能力を発揮する機会を奪ってしまいかねません。集合知が得られにくくなり、イニシアチブも停滞することになるでしょう。

怠け者病と暴君病を言い換えると、前者はエゴが少なすぎる状態であり、後者はエゴが大きすぎる状態にあるとも言えます。実際はこれらを両極として、その間を行ったり来たりするのが普通です。ここで重要なのは、「どちらかに偏ってはいけない」と捉えないことです。それまで突き詰めればソースパーソン自身の問題に起因しているからです。中国のことわざにあるように、「魚は頭から腐る」ということです！　しかし、これはポジティブに捉えることもできます。なぜなら、イニシアチブ全体に良い影響を与えるようにするには、ソースパーソン、つまりあなた自身が努力すれば良いからです。

ちなみに、そもそもソース原理を知らないがゆえにイニシアチブが停滞していることもあります。イニシアチブのソースが誰かを認識していない、1つの領域に複数のサブソース（あるいは単に「担当」）を置く、あるいはソース原理の知恵を活用できていない状態です。そうした人たちにソース原理を紹介するだけで、驚くほどエネルギーが流れ出すことがあるのです。

◆ ソースの主要な3つの病理

ソース原理を知ったあとでも、ソースの旅路の中で困難にぶつかることはよくあります。これから特徴的な3つの病理を紹介していきましょう。

1　否定病

「自分はソースパーソンなんて向いていない」「このグループにはソースパーソンはいないよね」「1人で立つのは不安だから共同でやりたい」など、ソースであることやソース原理の見方を否定するあり方です。イニシアチブにおけるソースの役割は非常に大きいので、ソースパーソンが自己や原理を否定してしまうことでイニシアチブが停滞するのはよくあることなのです。

ステージ 5

ドラゴンと向き合う

ソースの病理

プロジェクトがうまくいかない場合、一般的には仕組みや方法論など外側のアプローチを取ろうとします。たとえば「マネジメントを強化する」「資金調達をする」「異なる方法論を模索する」といったことです。一方ソース原理では、内側のアプローチを大切にします。ソースパーソンは自分のダークサイド（負の側面）と向き合い、ソースの役割をまっとうできるように自分自身を整える必要があります。

◆ 自分をソースとして認識する

集団において緊張や混乱が生じる多くの状況は、ソースとなる人物（グローバルまたはサブソース）が自分自身を明確に認識していないことに起因しています。自分の「ソース」を信頼していないソースパーソンは、すべてをコントロールしようとし、独裁的になり、慈悲深さを失い始めます。自分のソースとつながっているソースパーソンは、何も強制する必要はありません。ソースパーソンへの抵抗もなくなり、ビジョン実現への道が自ずと開かれていくでしょう。

◆ ソースパーソンは誰もが、弱さも病理も抱えている

もしソースとなる人物が学び続けなければ、そのイニシアチブや組織、チーム、周囲との関係性などが、次第にそのダイナミズムを失っていってしまうでしょう。プロジェクトや組織、チーム、人間関係などの問題は、

3　a

自分の中では明確なのだが、同僚からもっと示してください、と言われることが多いので、まだ明確ではない（言語化できていない）部分が多いと思う。たとえば、「ITをもっと身近に」といっても、「ITが何を指すか？」の意思統一が取れていない。私にとってITとはすべてであり、携帯電話のアプリなども含まれる。しかし、同僚たちは、もっと大きなプロジェクトや大口顧客だけをイメージしているように感じている。

b

一部は満足しているが、一部は満足していない。企業向けの人材は揃っているように感じるが、私のやりたいことは、一般消費者レベルでの便利さなのだ。BtoCの人材がいればいいかもしれない。

c

経理部にいるFさんと、消費者向けのサービスについてよく意見交換し、意気投合することがある。経理部だから業務範囲外ではないかという前提を持ってしまっていたが、彼女にもっと意見を聞いてもよいと思った。

d

Cさんに消費者向けのアプリケーション開発を委任したが、大口顧客の対応に追われている。どうして私の意図を汲んでくれないのだろう？　ソース原理のレンズで見ると、「そもそも私が委任をしていない（Cさんがサブソースになってない）」か「他の人に委任し、Cさんには他の領域で活躍してもらう」のどちらかが考えられる。彼が直感をもとにリスクを取って行動しているのかをチェックしてみよう。

回答サンプル

1

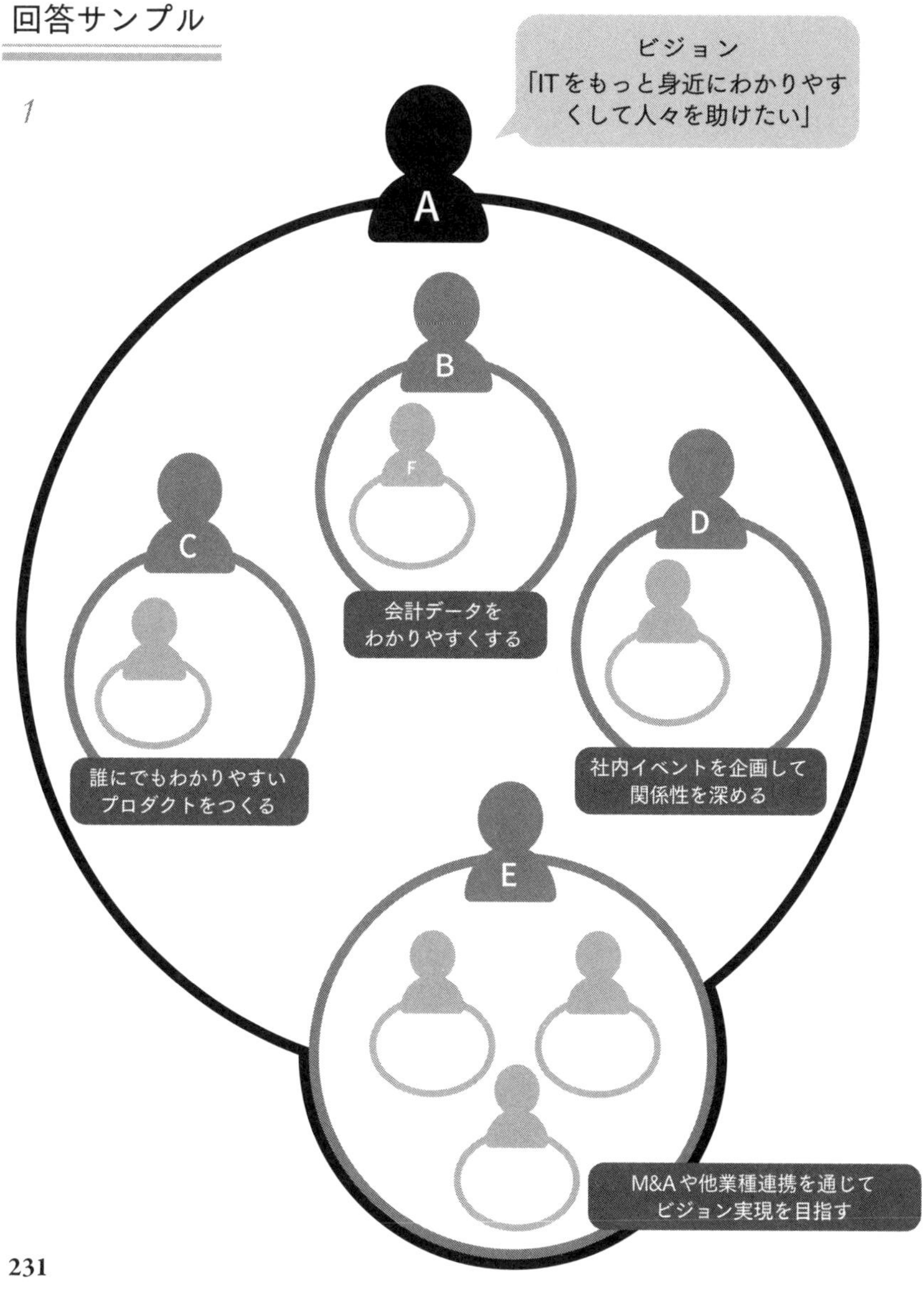
ビジョン
「ITをもっと身近にわかりやすくして人々を助けたい」
A
B
F
C
D
会計データを
わかりやすくする
誰にでもわかりやすい
プロダクトをつくる
社内イベントを企画して
関係性を深める
E
M&Aや他業種連携を通じて
ビジョン実現を目指す

2 マップを描きながら次のことを探求して、アップデートしていきましょう。

a 役職や組織図に表れない具体的な活動はありますか?

b それぞれのフィールドでは、どのようなサブソースと一緒に活動をしていますか? 彼らにどのようなことを託しているか、思い出してみましょう。

c それらのサブソースとの関係はどのような状態でしょうか? 良好あるいは対立しやすい? 距離は親密あるいはほどほど? もしくは、もっと他の関係性がありますか?

3 マップを描いた後、次のことを探求してみましょう。

a あなたがグローバルソースであるフィールドの境界線は、あなたにとって明確ですか? そして、それは周りの人にとっても同じでしょうか?

b あなたのイニシアチブに必要な人材は揃っていますか?

c サブソースに委任することを検討できる領域はありますか?

d すでに特定の領域を託したサブソースの中で、イニシアチブの実現のために動いていない人がいませんか? それに対して、どう感じていますか?

やってみよう
ワーク

フィールドマッピング

1　あなたが参加しているフィールドのマップを描き、イニシアチブ全体のフィールドの中にどのような領域があるのか見てみましょう。このマップの中で、あなたはどの領域のソースを担っていますか？　グローバルソースの場合もありますし、サブソースの場合もあります。サブソースの場合は、自分の領域をより細かく描き出してみましょう。

NOTES　組織図よりも「人」や「活動」に焦点を当てる

この地図は公式の組織図よりも細かくなる傾向があります。あなたは職務上は会計管理を担う「経理担当者」かもしれませんが、「創業20周年記念パーティー」「新入社員の歓迎イベント」「部下の育成」といったフィールドを担っているかもしれません。あなたの行うすべてのことが、フィールドとなりえるのです。

◆ サブソースがソースの役割を果たしているかを確認する

特定の領域を担っているサブソースがその役割を100％果たしているかを、グローバルソースとして確かめるためには何をすればよいでしょうか？

これは、ソースパーソンの特徴である「直感を受け取る」を、そのサブソースが行っているかどうかを確認すればわかります。ある領域をサブソースに任せたとき、サブソースがその領域におけるソースの役割を果たすことが求められます。一方、フィールド全体のグローバルソースは、その領域に関しては直感を受け取れなくなります。

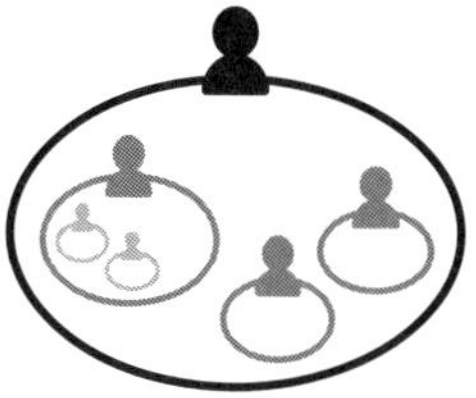

サブソースが、自身の担当している領域を1人で担うには大きすぎると感じている場合、さらに人を呼び込んでくる場合があります。このとき、その領域の中にさらにサブソースが生まれることになります。

その際、新しく入ってきた人は、自分を招いてくれたサブソースを「グローバルソース」として見ています。立つ視点によって、サブソースやグローバルソースという言葉は相対的に使われるのです。

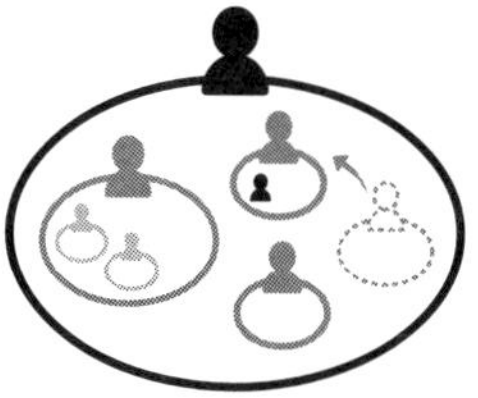

サブソースは、フィールドの中で新たに別のサブソースとなる領域を見つけることも可能です。活動の中で、現在担っているものとは違うアイデアが生まれた場合、グローバルソースの合意を得たうえで、別の領域のサブソースになることができます。その際にグローバルソースが協力を申し出て、その領域のサブソースになるということもあります。

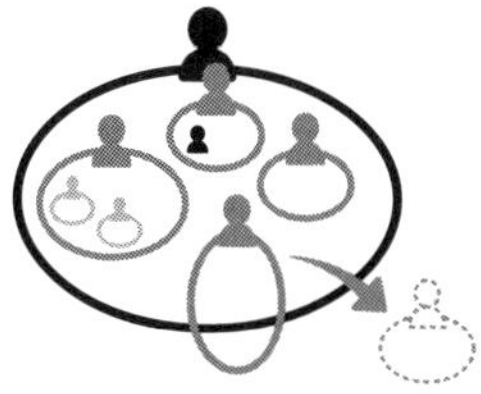

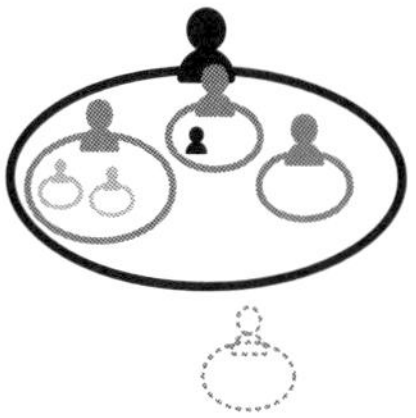

グローバルソースは常に、イニシアチブのDNAである「フィールド」「価値観」「ビジョン」に注意を払っています。たとえば、サブソースが新しいイニシアチブをフィールド内で立ち上げたとします。その活動の一部がフィールドからはみ出ていると感じるとき、話し合った結果「価値観もビジョンも合っている」場合は、グローバルソースのフィールドが広がるかもしれません。もしその新しい活動にグローバルソースが合意しかねる場合は、サブソースはフィールドの外に出て、別のフィールドを立ち上げることになるかもしれません。

また、グローバルソースのフィールドが小さくなるときもあります。フィールドの中でもう必要がないと思う領域があれば、その活動を止めてもらうことで、フィールドが小さくなります。

つまり、フィールドは常に動的なものなのです。

◆ レスポンシビリティの共有のイメージ

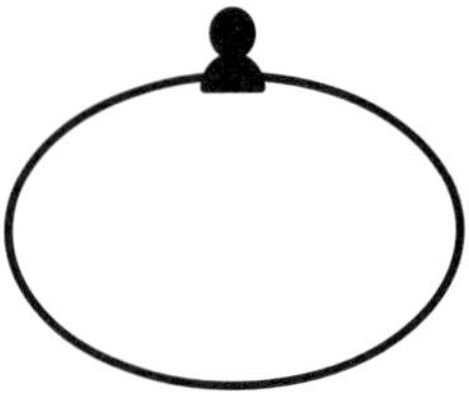

何かしらコールを受け取った人が、リスクを引き受け、イニシアチブを取ったとき、フィールドが生まれます。グローバルソースは何もないところからフィールドを生み出していく存在です。（これはゼロから立ち上げた場合の説明ですが、前のグローバルソースから受け渡される形でグローバルソースになる場合もあります）

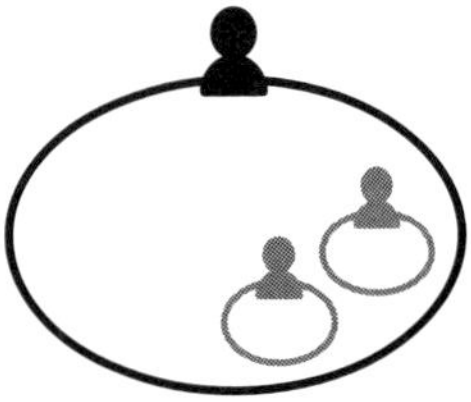

グローバルソースは助けが必要だと感じたときに、フィールドに人を呼び込みます。フィールドの中でも特定の領域を担う、サブソースが生まれていきます。

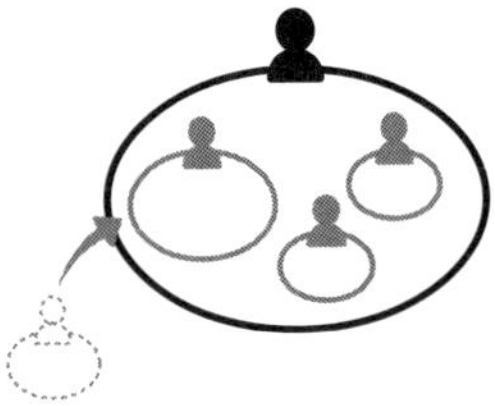

● 補足説明

サブソースになる瞬間を注意深く見てみましょう。サブソースはもともとフィールドの外にいる存在ですが、このフィールドの中で一緒に活動したいと思ったとき、サブソースになります。大切なのは、サブソースは誰でも、自分の人生のグローバルソースであるということです。自分の人生にレスポンシビリティを持っているグローバルソースが、新たなフィールドに入ることに意味を見出してサブソースになったと言えるでしょう。つまり、2人のグローバルソース同士の対等な対話があったうえで、フィールドに入ってくるのです。

ステージ 4 盟友たち
レスポンシビリティを共有する

大抵のイニシアチブは、１人では実現できません。ソースのビジョンに惹かれて集まってくる協力者が不可欠です。どのように協力者を見つけ、仕事を分け合い、進めていくのが適切なのでしょうか？　ソース原理のレンズで見てみると、従来のトップダウン型の組織にはない豊かなコラボレーションのあり方が浮かび上がってきます。

◆ 用語の確認

ここでは新しい用語としてグローバルソースという言葉が出てきます。何もないところからイニシアチブを立ち上げた、フィールド（活動の場）のソースパーソンといえる立場です。フィールドが大きくなっていくと、その中でさまざまなイニシアチブが派生していきます。その文脈において、「フィールド全体の創造主」という絶対的な存在ではなく、サブソースに対する相対的な存在としてグローバルソースという言葉を使っていることを留意してください。

グローバルソース	サブソース
● 何もないところからフィールドをつくり出す人 ● そのフィールドのすべてのレスポンシビリティを持つ人 ※グローバルソースは視点によっては相対的である（「レスポンシビリティの共有のイメージ」を参照）	● 既存のフィールドに入ってくる人 ● 既存のフィールドの中で新たにイニシアチブをつくり出す人（グローバルソースに認められた場合のみつくることができる）

回答サンプル

1

仕事上では、新たに展開しようと思っているサービスについて。自分では世の中が必要としていると思っているが、なかなか広まってくれないので、迷いの中にいます。

私生活では、家を建てたいと思っていますが、利便性の良い場所か、眺めの良い場所か、どちらにするかで迷っています。

2

職場の雰囲気をよくしようと飲み会を企画し続けていたのですが、同僚からのフィードバックや会話の中で、自分がやりたいことは、雰囲気をよくしたいのではなく、情報共有をもっと積極的に行って、事例共有をしたかったのだと気づかせてもらいました。

なので、社内に事例データベースを構築して、飲み会に参加できない人も情報共有ができるようになりました。

☞NOTES　迷いの感覚

本書では英語の「doubt」を「迷い」と訳しています。そのまま直訳すると「疑う」になりますが、「日々何を疑っていますか？」と言われてもピンとこない人もいるでしょう。ステファンは「doubt = not clear（明確でない）」と述べています。次のステップについて確信が得られないときはすぐに行動には移さず、明確になるまで「次のステップを明確にするための3つの方法」を活用するようにしましょう。

やってみよう
ワーク

迷いの感覚を思い出す

1　あなたが今、仕事で迷っていることや疑問に思っていることはありますか？
また、私生活ではどうでしょうか？

2　これまでの経験の中で、迷いや疑問がどのようにして明確になったのかを思い出してみてください。

プロジェクトを発展させるうえで、次に取るべきステップを明確にすることは、ソースパーソンの大切な仕事の1つなのです。

◆ 次のステップを明確にするための3つの方法

ソースパーソンが次のステップを明確にするためには、主に3つの方法があります。

1 直感に耳をすます（ただし、直感をコントロールしようとしない）

2 時間をたっぷりかけて、内省する

3 他者への問いかけやグループでの対話を通じて明確さを得る

ここでの「対話」は、合意形成を目的とするものではありません。イニシアチブの次の一歩について、ソースパーソンが気づきを得ることを目的としています。

次のステップが明確でない場合、ソースパーソンは、それを表現できるようになるまで決断せず、行動を起こさずに待たなければなりません。ずっと休眠状態だった水源をイメージしてください。水が再び湧き上がるのは、たとえば地滑りや亀裂など、地盤の変化が起こったときです。ソースパーソンも同様で、スキルや個性、人生経験といった異なる地盤があり、その地盤にアイデアが降ってくるのであって、地盤自体がアイデアの発端となるわけではないのです。

ステージ
3

旅の始まり
次の一歩を明確にして歩む

いよいよソースの旅路が始まりました。ソースパーソンは、初めのイニシアチブを取った後、ビジョンを実現するために次のステップを明確にし、リスクを取り続けていくことが重要になります。ソースパーソンとしての適切な振る舞いが、ビジョンの実現には不可欠なのです。

◆ ソースパーソンは「次のステップは何か？」に集中する

ソースパーソンは、理屈を超えた自身の内面の深いところで、イニシアチブの次の段階が何であるかを知っています。それは、歩いているとき、シャワーを浴びているとき、車を運転しているときなどに、直感やひらめきのかたちでやってきます。ただし……

◆ ソースパーソンは迷いの中にいることが普通である

普段ソースパーソンが置かれている心理状態は、「次の一手が（すぐには）わからない」と迷っている状態です。ピーター・カーニックも以下のように述べています。

「ソースパーソンは、8割の時間は迷っており、次のステップがわからない状態にある。しかし、時が来れば次のステップを知る。そして、それが合理的でないように見えるものでも、他の人たちは共鳴してついてくるのである」

回答サンプル

1

仕事では整理整頓について積極的にイニシアチブを取っている。整理していないことによって（書類の場所がわからないとか）、集中すべき仕事へ取り掛かる意欲が削がれていくように感じるから。万全な環境を整えることで、同僚の助けになれるというのが自分の喜び。

家庭では、子どもの教育方針についてイニシアチブを取っている。選択肢が多いほうが豊かだと思うので、選択肢を狭めないように色々な教育を検討している。

人間関係では、積極的に同窓会などを企画。人と人の出会いによって人生が美しく彩られると信じているから。

2

仕事においては、誰もやりたがらない整頓業務を自ら進んで担ってきた。最初は評価してもらえなかったので、整頓業務をやることはリスクだろうなと思っていた。

私生活では、人とのご縁を大事にするために多くの人と連絡を取るようにしている。当然だけど自分から連絡をするケースが多く、忙しい相手に連絡してしまうこともあり、人間関係を壊してしまうのではないかというリスクも感じている。

コールに応えたときの自分を思い出す

1 仕事ではどんなイニシアチブ（自分が何かの実現のために一歩踏み出していること）を行っていますか？　家庭ではどうでしょうか？　ほかの人間関係においてはどうでしょうか？

2 あなたは仕事において、どのようなリスクを取ってきましたか？　また、私生活ではどうでしょうか？

◆ ソースパーソンはビジョンを受信する

ソースパーソンは、「ソースチャネル」を通じてビジョンを受信します。このビジョンは、アイデア・直感・ひらめきの時点からある程度完成していることもありますが、多くの場合は、その後に得られる新たな直感や情報、自分との内省や他者との交流を通じて、徐々に明確になっていきます。

ソースパーソン自身の中でイニシアチブのビジョンが具体化するにつれて、周囲にそれを語ることができ、イニシアチブに関心を持つ人々にビジョンを共有できるようになります。これは、イニシアチブの進むべき方向性をより明確にすることにもつながります。このようにしてイニシアチブの進行とともにビジョンが完成され、周囲の人たちを巻き込んでいくのです。

☞ NOTES 「応える」と「レスポンシビリティ」の関係

ソース原理では「レスポンシビリティ」という言葉が頻繁に登場します。たとえば「ソースのレスポンシビリティは、ソースパーソンがすべてを負う」と表現されます。しかし、ここでのレスポンシビリティは、「失敗の責任を取って辞職する」という意味とは異なるものであることに注意が必要です。「responsibility = response（応える）+ ability（能力）」という、まさにこのステージ2のタイトルが語源であり、「自分にやってきたアイデアには、私自身が応えるのだ」という意味です。このような内発的な動機から生じる、イニシアチブに対する意識や姿勢を表しているのです。

リスクの質感について

「リスクを取る」という言葉を「危険をおかす」という意味で捉える人も多いですが、それだけではありません。たとえば好きな人に告白をするときのように、「どんな結果が出るか不確実であっても、目的のために一歩踏み出す」という意味で捉えるとよいでしょう。また、周りから見ると「よくそんな行動ができるね」と思うようなことでも、ソースパーソン自身が「自分はリスクを取っている」と感じていないこともよくあります。なので、「リスクと感じているかどうか」よりは、「リスクを取った事実があるかどうか」に着目すると、誰がソースパーソンかを特定しやすくなるでしょう。

ステージ 2

コールに応える

リスクを取って一歩踏み出す

コールを受け取り、一歩踏み出した瞬間こそがソースパーソンになる瞬間です。キーワードはイニシアチブとリスクです。もし、この部分を読む前にお菓子などを食べたなら、それもまた（おそらくは）小さなイニシアチブだといえるでしょう（ステージ1のNOTESを読んだ人だけがわかる冗談です）。

◆ ソースパーソンはイニシアチブを取る

ソースパーソンは、自分のアイデアや直感を頭の中に留めることなく、それを使おうとします。まるでその姿は、アイデアを実践あるいは現実化するために、「内側から突き動かされている」かのようです。重要なのは、単にアイデアを持っているだけの人は、ソースパーソンではないということです。（たとえ他人のアイデアであったとしても）そのアイデアを率先して実践する人だけが、ソースパーソンになれます。つまり、イニシアチブを取るとは、アイデアの実現に一歩踏み出すということなのです。

◆ ソースパーソンはリスクを取る

ソースパーソンのもう1つの特徴は、リスクを取ることにあります。アイデアを実現するためにイニシアチブを取った最初の瞬間だけでなく、実現するまでの間もリスクを取り続けます。そのリスクとは、仕事や人からの評価、友情、時間、健康などの面で、さまざまな形があります。

3

直感を受け取りやすい場所や時間がある。私の場合は、飛行機の中でぼーっと外を見ているとき、１人で高速道路を走っているとき、夜寝る前にベッドで物思いにふけっているとき、お風呂に入っているとき。このようなとき、ふと頭に割り込んでくるように直感が入ってくる。

回答サンプル

1

仕事では、経営者として「どのようなサービスを提供していくのか?」「今提供しているサービスをアップグレードするべきか、それとも廃止するべきか?」というテーマに関するひらめきをよく受け取る。

プライベートでは、子どもの教育に関する直感をよく受け取る。中学受験をするのか、受験に特化させるのか、美術や音楽など創造も含めた総合学習の機会を増やすのか、といったことについて。

2

直感を受け取った瞬間は、急に霧が晴れたような気持ちになる。なので、その瞬間は、直感が来たな、と認識することができる。逆に、霧が晴れた感覚でないときもある。なぜだかわからないけどそう思った、という状況。このようなときは、作業などは一旦やめて、その直感を忘れないうちに(30分も過ぎたら忘れてしまうので)、「それってどんな結果につながるのだろうか? そもそも何に悩んでいるのだろうか?」と内省する。すると、同じく霧が晴れたような気分になる。

NOTES コールの感覚

コールというと、何か神聖なものや優れたアイデアが降りてくることを想像するかもしれませんが、そうではありません。たとえば、歯を磨くという日常のなんでもない瞬間に、自分の意志というよりはちょっとしたひらめきが訪れるような感覚も含まれます。このガイドブックを読んでいる間でも「あっ、お腹がすいたな、なんか食べようかな」と思う瞬間があれば、それはコールがやってきているということなのです。

3　あなたは「いつ」「どのように」それらを受け取っていますか？

コールの感覚を理解する

1 仕事でもプライベートでも、あなたはどのような領域でアイデア・直感・ひらめきを受け取っていますか?

2 直感がやってきているかどうかを、あなたはどのように認識していますか?

アに、理性を超えた部分で共鳴し、受け取ります。ソースパーソンは、アイデアをオリジナルで生み出すわけではないのです。

◆ ソースパーソンとアイデアの特別な関係「ソースチャネル」

自分自身が何かを生み出すソースパーソンであると自覚した瞬間、イニシアチブとの特別な関係が始まります。他の誰であっても、それがたとえ最初から一緒にいた人であっても、ソースパーソンと同じくらい強固な関係をアイデアやイニシアチブと築くことはできません。アイデアが生まれたときから、そのアイデアとソースパーソンの間には「ソースチャネル（コールとつながる伝達経路）」ができているのです。このチャネルは、イニシアチブが始まってから終わるまで、あるいは後継者にソースが受け渡されるまで、ソースパーソンにインスピレーションを与え続けます。

NOTES　ビジョンについて

一般的には「ビジョン＝未来の目標」と捉えられるようですが、ソース原理では少し異なり、「自分の内側で得た直感やひらめきを、自分以外の人間に説明する言葉」をビジョンと呼んでいます。

そのため、ビジョンは未来を指し示す羅針盤というよりも、ソースパーソンの価値観に近いものだと言えます。そのビジョンを相手に伝えることで、自分と相手に共鳴が起こるかどうかを確かめ合うのです。その共鳴が起これば、イニシアチブに対して情熱と創造的なエネルギーが高まるでしょう。

ステージ 1

コール

アイデア・直感・ひらめきを受け取る

ソースパーソンは何かしらのコール（アイデア・直感・ひらめき）を受け取り、一歩踏み出すところから旅路が始まります。このステージでは、「コールを受け取る」という行為の解像度を高めていきましょう。特別な人だけができることだと思われることもありますが、誰もが日常的に行っているプロセスです。

◆ コールは受け取るもの

ピーター・カーニックは「コールは受け取るもので、ソースパーソンがオリジナルで生み出すものではない」と言います。つまり、ゼロからつくり出すのではなく、やってくるものだと述べているのです。

◆ コールはどこからやってくるのか？

ソースパーソンは、自分のプロジェクト、タスク、任務、役割、会社、チーム、家庭、人間関係などに関するアイデアや直感を受け取ります。これは、いわば将来イニシアチブになりうるものを「感じている」ということです。その直感をもとに、ソースパーソンはイニシアチブのビジョンを描き、少しずつ（時には一瞬で）その本質、価値、DNAを掴んでいきます。これらのアイデアや直感はどこから来るのでしょうか？

アイデアとは、初めは明確な目的を持たず、単に「新しい何か」としてどこからともなく湧き出てくるものです。ソースパーソンはこのアイデ

回答サンプル

1

1 [叡智]
2 [好奇心]
3 [創造力]
4 [共感]
5 [美意識]
6 [探究心]
7 [自分らしさ]

2

この世の原理原則が知りたいし、アインシュタインの言葉「私は神の心を知りたい」に深く共鳴する。なので叡智という言葉に強く惹かれた。これを支える原動力として、好奇心や創造力という言葉があると思う。仕事でもプライベートでも、好奇心に従って行動しているし、決められたものよりも、前例のないものを創造性をもって取り組むことが好き。さらに、共感や美意識を意識した振る舞いも重要だと感じる。また、自分は探究心が旺盛なほうだ。総合すると、すべては叡智につながっている。

3

私は、すべての人間が、その人らしい人生を生きてほしいと心から願っている。死の直前に「もう一度人生をやり直したい」と願ってもそれは実現不可能だから。充実した人生を歩むために、表面的な情報に惑わされず、原理原則や叡智というものに触れてほしいと思っている。また、すべての人間がすばらしい個性を持っていると感じている。現代社会では、自分の個性を出さずに無難に振る舞っている人も多いし、自分自身もそうしがちだ。でも、自分はそんな人に対して共感と美意識をもって接して、共にあたらしい世界を創り上げたいと願っている。

2 その価値観は、仕事やプライベートの生活にどのような影響を与えていると思いますか？

3 あなたが現在の世界に感じていること、または望む世界について書き出してください。とくに、あなたならではの価値観がわかるような表現を意識してみてください。

やってみようワーク

価値観の探求とエピソードの共有

1 あなたが大切にしている価値観を表すキーワードをリストから7つ選び、重要だと感じるものから並べてください（ふさわしいキーワードがなければ、新しい言葉を追加しても大丈夫です）。

1 [　　　　　　　　　　]　　5 [　　　　　　　　　　]

2 [　　　　　　　　　　]　　6 [　　　　　　　　　　]

3 [　　　　　　　　　　]　　7 [　　　　　　　　　　]

4 [　　　　　　　　　　]

透明性	自己認識	好奇心	先見性	敬意
寛容さ	創造力	傾聴	共感・思いやり	勇気
進化	シェア・分かち合い	美意識	バランス	品質
伝えていくこと	客観性	倫理	専門性	叡智
静けさ	喜び	卓越さ	安心	自由
イノベーション	シンプルさ	忍耐	繁栄	完璧さ
チームワーク	柔軟性	承認	愛	サポート
コミットメント	自立	安定	方向性	俊敏性
謙虚さ	効率性	オープンマインド	自己効力感	公平・平等
調和	厳しさ	探究心	忠誠心	楽観性
常識・理性	責任感	真摯さ	一貫性	秩序
信頼	連帯感	優しさ	協力	気づき
冒険	多様性	変化	親しみやすさ	意志

空欄には自分に合った言葉を入れてみてください。

ステージ 0

準備

価値観を明確にして生きる

まずはソースジャーニーの準備段階を見ていきます。ソースになりプロジェクトのイニシアチブを立ち上げるのか、あるいはサブソースになり誰かが立ち上げたイニシアチブに参加するのか。行動を起こす前に、自分がどのような価値観の中で生きているかを確認しておくことは、その後のステージにおいても大きく役立ちます。

◆ 自身の価値観を確認する

自身の価値観を内省する際には、自分が「こうあるべき」「こうなりたい」と思っていることに焦点を当てるのではなく、「自分が何者であるか」という観点から、価値観を確認していくことが重要です。

NOTES　ソースとサブソースの関係

ソース原理において、グローバルソースとサブソースは常に人間として対等な関係にあります。グローバルソースとサブソース、また集団の価値観を尊重しつつ、個人の価値観を優先する感覚は、ステージ4「盟友たち」を通じてつかめるようになるでしょう。

5	ドラゴンと向き合う	**ソースの病理** 自分のダークサイド（負の側面）を直視し、ソースの役割をまっとうするためには自分自身に向き合う必要があることを受け入れ、取り組んでいきます。特にソースの病理（否定病・怠け者病・暴君病）には意識的になりましょう。
6	帰り道	**自分と向き合い、全体性を取り戻す** 自分の投影の意味づけを書き換え、自分のエゴとドラゴンに気づき、エゴが健全な自信を生む力に、ドラゴンが自分をよりよく理解するための従者となるようにしていきます。また、サブソースの書き換えも支援します。
7	次の旅へ	**イニシアチブの終わりとソースの受け渡し** ソースを後継者に受け渡せるようになるまで、あるいはプロジェクトの終了を決定するまで、ビジョンの実現に尽くします。受け渡しにも成功と失敗の原則があります。

ソースジャーニーの
ステージ

0	準備	**価値観を明確にして生きる** 自身の価値観を明確にしておくことで、自分のフィールドが何なのかを発見できます。自分自身がソースパーソンとなりイニシアチブを立ち上げる場合にも、誰かのフィールドにサブソースとして入る場合にも同様です。
1	コール	**アイデア・直感・ひらめきを受け取る** 自分の中に日々やってきている、アイデア、直感、ひらめきに自覚的になりましょう。
2	コールに応える	**リスクを取って一歩踏み出す** コールに応え、一歩踏み出したときにフィールドは誕生し、ソースパーソンとしての旅が始まります。
3	旅の始まり	**次の一歩を明確にして歩む** 自分のビジョンを実現するために、次のステップを明確にし、リスクを取り続けることがソースパーソンの役割です。
4	盟友たち	**レスポンシビリティを共有する** ビジョンを一緒に達成するための集団を発展させていきます。集合知を活用し、プロジェクトのフィールドの一部をサブソースに委任しましょう。

ソースパーソンについて簡単に整理すると、以下のような存在だと認識しておいてください。

- 自分のプロジェクト、役割、チームなどに関するアイデアや直感を持っている
- それを実現するためにイニシアチブとリスクを取る
- 自分のプロジェクト・タスク・役割・チームなどにレスポンシビリティを持っている

◆ ソースの歩みのプロセスを可視化した「ソースジャーニー」

「ヒーローズジャーニー（英雄の旅）」とは、神話学者のジョーゼフ・キャンベルが研究によって見出した、世界中の童話や寓話に共通する法則のことです。ステファン・メルケルバッハはこのヒーローズジャーニーになぞらえて、ソースパーソンの旅を体系化した「ソースジャーニー」を生み出しました。

ステージは直線的なものではなく、1つから別のものに飛躍することも、後戻りすることもできます。たとえば、盟友（ステージ4）をつくらずにソースジャーニーを進めることも可能です。また、その時が来ればいつでもステージ7に進み、プロジェクトを中止することもできるのです。

NOTES　エゴの意味

エゴには心理学やスピリチュアルな分野などでさまざまな定義がありますが、本書におけるエゴとは、自分自身についてつくり上げる誤った表現を指し、ソースパーソンの個人としての成長を根底から妨げるものです。たとえば「あの人はエゴが過剰だ」という場合はこれに当たります。

全体像
ソース原理のおさらいとソースジャーニー

◆ ソース原理の誕生とソースパーソンの定義

チューリッヒ在住の英国人コンサルタント、ピーター・カーニックは、長年にわたり、世界中の起業家やコミュニティの創業者を調査・研究してきました。

その経験をもとに、「なぜ組織の変革プロジェクトは失敗するのか?」「なぜ創業者のビジョンが現場での行動と結びついていないのか?」と問い続けました。その過程で、彼は「ソース原理」を発見し、体系化しました。

実は、この原理原則は自然の摂理と同じくらい普遍的なもので、経営者、企業、自治体など、何百ものコーチングセッションで確認されているだけでなく、文化や国を越えても通用することが証明されています。

ピーターはソース(ソースパーソン)のことを以下のように定義しています。

> 「ソースとは、ある役割、任務、チーム、会社、プロジェクト、人間関係などのレスポンシビリティを負う人である。ソースはプロジェクトのDNAの守護者であり、直感を活かしてインスピレーションを与え続け、目的を実現するためにイニシアチブとリスクを取り続ける」

◆ このガイドブックの使い方と得られるもの ◆

1　自分自身の体験に当てはめて探求する

自分自身が立ち上げた、あるいは参画している具体的なプロジェクトを思い浮かべてもよいですし、自分の人生全体を探求するために使っても構いません。実際の事柄を当てはめることでソース原理への理解が深まると同時に、困難を乗り越えるヒントも得られるでしょう。

2　同じプロジェクトのメンバーと探求する

プロジェクトのメンバーと自分たちのソースを探求することで、活動の歪みを改善したり、メンバー同士の関係性を深めたりできるでしょう。そうすれば、フィールド（活動の場）にもっと大きなエネルギーが宿っていくはずです。

3　他のプロジェクトのソースや協力者と探求する

異なるプロジェクトを進めている人で集まってそれぞれのイニシアチブについて探求することも、非常に効果的です。他のプロジェクトについて知ることで、自分のプロジェクトの価値観やビジョンが明確になります。また、深くお互いの活動を聞き合うことで、新たな関係性やアイデア、コラボレーションが育まれることもあるでしょう。

はじめに

ソース原理は頭で理解するものではなく、体感して初めてその力を実感できるものです。このガイドブックではソースパーソン（サブソースも含む）が実際に歩む道のりを紹介しながら、読者の皆さんに「ソース原理のレンズで見ること」を体感してもらいます。

大切なのは、ビジョンを持った人やリーダーだけがソース原理を活用するのではなく、誰もがその歩みを進めることができるということです。

このガイドブックはピーター・カーニックが開発した「ソースワーク」の講座を簡易的に再現したものです。解説を読み、1つひとつのワークに丁寧に取り組むことで、ソース原理のレンズで自分の人生やプロジェクトを眺めるというワークショップを追体験できるようになっています。

書籍化にあたり、読みやすくするためにワークの内容や解説はエッセンスのみ紹介しています。ですので、さらに興味を持った方はぜひ、実際のワークショップに参加してみてください。また、キーワードの定義やその背景などは、本書の前半に収録されている［入門編］で詳しく解説されていますので、そちらを参照してください。

それでは、共に旅路を歩んでいきましょう。

ソース原理

［探求ガイド編］

Source Journey

On the road of your own “source journey”

AUTHOR

ステファン・メルケルバッハ
Stefan Merckelbach

Ordinata創設者

オランダのフリブール出身。フリブール大学とジュネーブ大学で哲学の研究に没頭。それ以来、哲学を活かすために理論家としてよりも実践者として活動することを決意。インターネットの黎明期にIT企業でコンサルティング事業を任されたのち、2001年にOrdinataを起業。自身のパートナーと共に、集合知と企業文化を発展させる支援をクライアント企業に提供している。他にも小学校設立など、非営利の活動にも携わっている。

TRANSLATORS / SUPERVISORS

青野英明
Hideaki Aono

Flaming Heart株式会社代表取締役／青野税理士事務所代表／株式会社令三社取締役

1978年茨城県生まれ。人生はオカネじゃないやりがいだ、と進学せずにバンド活動にのめり込むが、稼げないことを理由に辞める。このことがきっかけとなり、オカネと人の心について学ぶため、そのプロである税理士となる。2009年より独立し、税金の計算のみならず、企業と人の永続的発展のためのコンサルティング業務を行っている。自然界のデザインに沿って自分らしい生き方を支援するのが何よりの喜び。内面の投影と向き合う「マネーワーク」と、ソースとしてよりよい旅路を歩む「ソースワーク」を日本で広げるべく活動中。

嘉村賢州
Kenshu Kamura

場とつながりラボhome's vi代表理事／株式会社令三社取締役

2008年にhome's vi設立。当時はまちづくり（京都）や組織開発ファシリテーターとしての活動が中心であったが、2014年の1年間のサバティカル休暇をきっかけにティール組織をはじめとする進化型組織の研究や普及に主軸を移す。現在は「未来の当たり前を今ここに」をテーマに、進化型組織関連の活動に加え、北海道美瑛町のまちづくり支援に携わっている。2023年に第一子が生まれたことをきっかけに、大幅に活動を制限し、家族中心で子どもから生き方を学ぶ生活にシフトしようとしている。

ソース原理［入門＋探求ガイド］

「エネルギーの源流」から自然な協力関係をつむぎ出す

発行日	2024年 10月 19日 第1版 第1刷
著者	ステファン・メルケルバッハ
写真	ヴィンセント・デルフォセ
翻訳・監修	青野英明（あおの・ひであき） 嘉村賢州（かむら・けんしゅう）
発行人	高野達成
発行	英治出版株式会社 〒150-0022 東京都渋谷区恵比寿南 1-9-12 ピトレスクビル 4F 電話 03-5773-0193 FAX 03-5773-0194 www.eijipress.co.jp
プロデューサー	下田理
スタッフ	原田英治 藤竹賢一郎 山下智也 鈴木美穂 田中三枝 平野貴裕 上村悠也 桑江リリー 石﨑優木 渡邉吏佐子 中西さおり 関紀子 齋藤さくら 荒金真美 廣畑達也 太田英里
印刷・製本	中央精版印刷株式会社
校正	株式会社ヴェリタ
装丁	HOLON

［英治出版からのお知らせ］

本書に関するご意見・ご感想をE-mail（editor@eijipress.co.jp）で受け付けています。
また、英治出版ではメールマガジン、Webメディア、SNSで新刊情報や書籍に関する記事、イベント情報などを配信しております。ぜひ一度、アクセスしてみてください。

メールマガジン ： 会員登録はホームページにて
Webメディア「英治出版オンライン」 ： eijionline.com
Twitter / Facebook / Instagram ： eijipress

Copyright © 2024

ISBN978-4-86276-349-5 C0034 Printed in Japan

本書の無断複写（コピー）は、著作権法上の例外を除き、著作権侵害となります。
乱丁・落丁本は着払いにてお送りください。お取り替えいたします。